KB088632

사장보다 잘나가는
비서의 대화법

일과 사람을 사로잡는 커뮤니케이션 기술

사장보다 잘나가는 비서의 대화법

노마치 미츠카 지음
문방울 옮김

프롤로그

하고 싶은 말을 못 해서 후회한 적이 있나요? 다음과 같은 이유로 내 감정이나 생각을 전하려다 포기하지는 않았나요?

'말하면 사이가 나빠질 거야.'

'괜히 말해서 상처 주면 어떡해.'

'제대로 말할 자신이 없어.'

예전에 저는 하고 싶은 말을 잘하지 못해서 사람들과 대화하는 것이 불편했습니다. 가능하면 남들 눈에 띄지 않게 구석에 숨어 있고 싶었지요. 많은 사람 앞에서 이야기하는 자리에 설 때면 가슴이 벌렁대고 머릿속이 하얘지는 타입이었습니다. 그러다 어떤 계기를 통해 '새로운 세계'의 문을 두드리게 되었습니다. 바로, 몸과 마음이 비명을 지른 '좌절' 경험입니다.

사회인이 되어 좌절을 겪은 건 1년 차, 세계적인 기업의 경영인 비서로 활동할 때였습니다. '사회에 나가서 열심히 하자' 다짐하고 밝은 앞날을 상상하며 일을 시작한 지 얼마나 되었을까요. 어느 날 갑자기 몸이 말을 듣지 않았습니다. 나도 모르게 쌓인 스트레스가 원인이었습니다.

'이건 아니야, 내 인생을 등 떠밀려 사는 것 같아'라는 생각이 먼저 들더군요. '이 지경이 되도록 참아왔다'는 걸 깨달았을 땐 이미 몸이 망가져 있었습니다. 그만큼 마음의 문을 굳게 닫고 지낸 것입니다. 하지만 어찌해야 좋을지 몰랐습니다. 분명한 건, '이대로는 안 된다'는 사실뿐이었습니다.

지금까지 10년 간 비서로 일하며 일본 최고의 리더들을 보좌하고, 다수의 직원과 업무를 조율해왔습니다. 그동안 똑 부러지게 속마음을 표현하고 행동하는 것이 커뮤니케이션에서 가장 중요하다는 것을 깨달았습니다. 회사에서의 업무 문제도 인간관계에서 비롯되고, 일상에서의 스트레스도 결국 타인에게서 받게 되니까요.

'이제는 남이 말하는 대로 살지 말자.'

이 생각이 제 인생을 크게 바꿨습니다. 각오를 다지고 나니, 눈가에 얼룩진 눈물도 차츰 말라갔습니다. 바로 그날부터 새로운 세계에 걸음을 내디딜 수 있었습니다. 새로운 세계란, 다음과 같은 곳입니다.

분명하게 말해도 미움받지 않는 세계.

분명하게 얘기해도 거절당하지 않는 세계.

분명하게 전달해도 사랑받는 세계.

그런 세계가 과연 있을까요?

당연히 있습니다. 위에 말한 원더랜드 같은 세계가 실제로 존재합니다. 다만 아직 당신이 세계에 발을 들여놓지 않은 것인지도 모르지요. 어쩌면 그 세계를 동경하면서도, 어떻게 첫 걸음을 내디뎌야 할지 모를 뿐일 수도 있습니다.

특히 비서는 리더에게 중요한 업무를 효과적으로 전달하고, 말 한마디로 경영자의 결정을 좌우하기도 합니다. 때로는 완곡하면서도 단호한 말투로 직원들을 사로잡습니다. '회사에서 말 잘하는 사람' 하면 떠오르는 비서의 화법을 통해 유연하고 나다운 말투를 익혀야 하는 이유입니다.

이 책을 펼친 여러분은 그 새로운 세계로 가는 티켓을 손에 넣었습니다. '있는 그대로의 나'로 지낼 수 있는 특별한 체험 티켓이지요. 새로운 세계의 주인은 다음과 같은 사실을 잘 압니다.

'분명하게 말해야 미움받지 않는다.'

'분명하게 얘기해야 거절당하지 않는다.'

'분명하게 전달해야 사랑받는다.'

'말하지 못한 후회'보다 '말했다는 기쁨'을 느끼고 싶은 사람이 많지 않을까요?

이 책에는 '있는 그대로의 나'를 보여주며 여러 사람과 어울리고 사랑받는 비밀이 담겨 있습니다. 나를 속이고 '인생은 그런 것'이라 단정하며 살고 싶은가요? 아니면, 자신이나 주위 사람에게 '있는 그대로의 나'를 솔직히 표현하며 살고 싶은가요?

더 많은 사람이 자기 생각을 분명하게 전달할 수 있었으면 합니다. 그래서 인생을 즐기고 주인공으로 살아갈 수 있다면 저자로서 더할 나위 없는 기쁨이겠습니다.

분명하게 말해도 미움받지 않는 인생.
분명하게 말해서 사랑받는 인생.
자, 이제 새로운 세계를 향해 문을 열어볼까요?

차례

제1부

일 잘하는 비서의 커뮤니케이션 방법

상대방에 따라 '심적 거리감'을 달리한다

말 잘하는 비서의 공통점

제안 혹은 부탁을 거절하거나, '이상하다'는 생각이 들어 이의를 제기해야 할 때가 있지요. 상대방의 뜻에 반하는 말을 할 때는 용기가 필요합니다.

'상대방의 말을 거절하는 건 좋지 않다.'
'뜻에 따르지 않으면 상대방을 부정한 것으로 오해받을 수 있다.'
'미움받을지도 모른다…….'

그렇다고 해서 아무런 의견도 내세우지 않고 상대방의 의견을 들어주기만 하면 자신이 피폐해지고 맙니다.

이처럼 말하기 어려운 것을 분명하게 말해도 사랑받는 사람이 있습니다. 회사에서는 커뮤니케이션에 능한 비서가 대표적인 예입니다.

의사소통을 잘하는 사람의 특징이라면, 어떤 사람과도 '거리감이 절묘하다'는 점을 들 수 있습니다. 자신을 지키려면 적당한 거리감이 필요합니다. '나는 보호받고 있다'는 안도감이 있어야 다른 사람에게 당당하게 발언할 수 있기 때문입니다.

누구나 한 번쯤은, 상대방을 어느 정도 거리감으로 대해야 좋을지 고민한 적이 있을 것입니다. 친해지고 싶은데 마음처럼 되지 않아서 고민하는 사람이 있는 반면, 상대방과 가까이 지내기 귀찮아서 고민하는 사람도 있습니다.

상대방과 어떠한 관계성을 추구할지는 사람에 따라 다릅니다. 여러 사람과 교류하는 것을 즐기는 사람도 있지만 서툰 사람도 있습니다. 친밀한 관계를 원하는 사람도 있지만, 필요 이상의 관계는 바라지 않는 사람도 있습니다. 또 다른 사람과 금세 마음을 터놓는 사람도 있는 반면에, 낯가림이 심한 사람도 있습니다. 실로 다양한 유형의 사람이 있습니다.

먼저, 상대방에 따라서 당신에게 바라는 친밀함의 정도가 바뀐다는 사실을 알아두세요. '관계의 거리감'에 대해 자신의 바람이 있듯이 상대방에게도 바람이 있습니다. 그 거리감이 일치하면 어렵지 않게 좋은 관계를 만들어갈 수 있지만, 실제로는 그리 마음처럼 되지만은 않습니다.

예를 들어, 당신이 '좀 더 깊은 대화를 나누고 싶다'고 생각해도, 상대방은 '속 얘기는 별로 하고 싶지 않다'고 생각할 수 있습니다. 그럴 때 상대방은 당신에 대해서, '부담스럽게 접근하는 사람'이라며 탐탁지 않게 여길 것입니다. 어쩌면 '오지랖이 넓은 사람'으로 받아들일지도 모릅니다. 그만큼 상대방이 참견으로 받아들일 가능성이 있습니다.

선을 의식하고 더 파고들지 않는다

'당신이 상대방에게 기대하는 거리감과, 상대방이 당신에게 기대하는 거리감이 다른 경우가 있다.' 먼저 이 사실을 기억해 둡시다. 그러면 '그렇게 충분히 설명해줬는데'라든가, '기껏 시간 들여 얘기했는데…'라는 마음이 결국 상대방에게 도움이 되지 않았을 때, '그 시간을 다른 일에 쓰자' 하는 기지를 발휘하게 됩니다.

'상대방에게 뭔가를 해주고 싶다'고 생각하는 건 매우 대단한 일입니다. 하지만 상대방이 '굳이 그럴 필요 없는데…'라고 생각할 가능성도 염두에 두어야 나중에 상처받지 않습니다.

"물 흐르듯 살아라."

나이 지긋한 어른들은 그렇게 말합니다. 저는 이 문장을 사람과 사람 사이는 물 흐르듯 교류하는 것이 가장 좋다는 의미로 해석합니다. 다른 사람과 계속해서 부딪치는 인생보다, 혹은 사람을 피하기만 하는 인생보다 그 중간에서 살아가는 것이 가장 좋지 않을까요.

그렇다면 당신이 주위 사람들과 좋은 관계를 쌓아가기 위해서 어떻게 해야 할까요? 그것은 상대방과 대화했을 때 받은 느낌으로 가장 좋은 심적 거리감을 정하는 일입니다.

불편한 사람과는 '50% 거리감'

상대방의 반응을 보면 어느 정도의 깊이까지 이야기해야 좋을지 알 수 있습니다. 거리감을 잡지 못하는 사람은, 상대방의 반응을 보기도 전에 무작정 자신이 바라는 거리감으로 대하는 경우가 많으므로, 상황을 관찰하며 거리를 파악하는 것이 좋습니다.

상대방에 따라 50%, 70%, 90%, 120%와 같은 식으로 나와 상대방 사이의 심적 거리감을 정하면 자신이 바라는 친밀감으로 상대방을 편히 대할 수 있습니다.

여기서 말하는 거리감이란, 물리적인 거리가 아니라 심적 거리감을 가리킵니다. 상대방의 마음과 자신의 마음 사이의 거리인 것이지요. 따라서 궁합이 맞지 않는 상사가 가까운 자리에 앉아 있어도 상관이 없습니다. 상사와의 물리적 거리가 가깝다고 하더라도 당신의 심적 거리를 50% 정도로 정한다면, 일할 때 지금보다 한결 편해질 것입니다.

저는 지금까지 10명의 경영인을 보좌해왔습니다. 비서라는 직업상 늘 상사의 곁에서 일하므로, 물리적 거리가 언제나 가까운 환경이었습니다. 그 속에서 상사와의 궁합도 매번 달랐기에, 저는 상사에 따라 한 사람 한 사람 심적 거리감을 조금씩 달리했습니다. 알맞은 심적 거리감을 가지면, 상대방과 더욱 편하게 마주할 수 있습니다. 따라서 궁합이 별로 좋지 않아도 일은 순조롭게 진행됩니다.

상대방과의 물리적인 거리는 바꿀 수 없습니다. 그러나 심적 거리감은 바꿀 수 있습니다. 그리하여 스트레스를 줄이고 긍정적인 관계를 만들어갈 수 있는 것입니다.

2 나다움을 드러낸다

팔방미인이 되면 잘 풀릴까?

여러분은 혹시 '친구 놀이'를 하고 있지는 않나요? 친구 놀이는 아이들이나 하는 것으로 생각할지도 모릅니다. 실은 어른들의 세계에서도 자주 볼 수 있으며 곳곳에서 발견됩니다. 물론 회사에서도 말이지요.

'잘 지내고 싶다'는 마음은 중요합니다. 사이가 좋아야 일이 원활하게 진행되는 경우도 많을 것입니다. 하지만 잘 지내고 싶은 마음에만 얽매이면, 중요한 업무가 제대로 진척되지 않을 수도 있습니다.

· 주위에서 사랑받고 있는지에 대해서만 신경 쓴다.

· 문제가 발생해도 주의를 주지 못한다.

· 사이가 나빠지면 일이 정체된다.

· 개선할 점이 있어도 말하지 못한다.

이렇게 되면 사람이 성장할 수 없습니다. 서로가 서로의 성장을 방해하고 있다고 보아도 무방할 것입니다. 좋은 팀이 되기는커녕 팀이 쇠퇴할 것이 분명합니다.

친구 놀이를 하고 싶은 사람들은 그 상태가 편해서 좀처럼 빠져나오지 못합니다. 늘 같은 사람들과 특별한 변화 없이 편하게 지내는 게 좋기 때문입니다. 그것은 사람의 '성장의 싹'을 잘라내는 것이나 마찬가지입니다. 성장 가능성을 닫아버리는 건 안타깝지 않은가요?

여기서 당신의 '친구 놀이' 정도를 살펴봅시다. 다음 중 자신에게 해당하는 것이 있나요?

· 필요 이상으로 상대방을 칭찬한다.

· 주위에 맞추느라 마음에도 없는 말을 하는 버릇이 있다.

· 거짓말도 하나의 방편이라고 생각한다.

· 빈말을 할 줄 알아야 한다고 생각한다.

· 상대방의 일거수일투족이 지나치게 신경 쓰인다.

사실 저는 예전에 이 5가지 모두에 ○ 표시를 했습니다. 그리고 어느 때건 '좋은 사람'이어야 한다고 착각했습니다.

팔방미인으로 지내면 인간관계와 일이 모두 잘 풀린다. 당신도 그렇게 생각하고 있지는 않나요? 사실은 그렇지 않습니다.

필요 이상으로 웃지 않는다

다음은 일본에 부임한 지 얼마 되지 않은 상사(외국인)와 저의 대화입니다.

"일본 여성들의 특징인 것 같은데, 다들 미소를 짓고, 비슷한 복장을 하고 있어요. 밋키는 그 점에 대해서 어떻게 생각해요?"

"그렇게 느끼셨군요. 가능하면 주위 사람들과 비슷하길 바라는 문화적인 풍조가 있어서 그런지도 모르겠네요."

"그런가요. 그래서 노 페이스(No Face)일 수도 있겠네요."

"앗, 달걀귀신 말씀하신 건가요?"

"그, 그게 뭐죠? 달걀귀신……?"

"죄송해요. 달걀귀신이라는 단어가 있는데, '얼굴에 눈코입이 없는 귀신'을 말하거든요."

"거기에 가까울 수도 있겠네요. 오해가 없도록 하자면, 내가 하고 싶은 말은 이런 거예요. 한 사람 한 사람마다 훌륭한 개성이 분명히 있을 텐데, 왜 그 개성을 스스로 가리느냐는 거죠. 개성이야말로 매력인데 말이에요. 안 그래요?"

"네. 그럼 달걀귀신…… 아니, 노 페이스(No Face)가 되지 않으려면 먼저 뭐부터 시작해야 좋을까요?"

"글쎄요. 기쁠 때만 웃는다, 그렇지 않을 때는 웃지 않는다. 그것부터예요. 항상 상사인 저한테 생글생글 웃을 필요는 없어요."

만약 '항상 웃는 얼굴'에 신경 쓰는 사람이라면 이 대화를 듣고 불쾌한 기분이 들었을지도 모릅니다. 하지만 그 '웃는 얼굴'은 진짜인가요, 아니면 가짜인가요?

내려놓으면 진정한 친구가 생긴다

만약 힘들게 '팔방미인'을 연기하고 있다면 이제는 졸업하는 편이 나을지도 모릅니다. 숫자가 적더라도 속마음을 터놓을 수 있는 사람이나, 마음이 잘 통하는 사람이 있는 편이 좋지 않을까요?

팔방미인이 되길 포기하면 속마음을 터놓을 수 있는 사람이 많아집니다. 내려놓으면 '나다움'이 드러나기 때문입니다. 나의 본연의 모습에 끌려서 주위 사람들이 다가오는 것입니다. 그때 이미 당신은 주위에서 '관심이 가는 존재'가 되어 있습니다. 나아가 나다움이 흘러넘치면 그런 당신을 즐겁게 받아주는 사람들과 만날 일이 많아지는 것입니다.

속마음을 거리낌 없이 이야기하면서도 사랑받는 사람이 있습니다. 다소 부족한 부분이 있더라도 다들 배려해줍니다. 주위에서 '원래 이런 사람이니까'라며 타고난 성격 그대로를 이해해주는 것입니다.

완벽한 인품보다는 그 사람의 '정체성'이 주위에 전해지는 정도가 가장 좋습니다. '당신은 이런 사람'이라는 것을 알리면, 상대방도 '당신'을 대하기 편해집니다. 완벽하고 빈틈이 없는 사람이나 무슨 생각을 하는지 알 수 없는 사람에게는 다가가기 어렵기 때문이지요.

당신의 정체성은 어느 정도 주위에 전해져 있나요? 팔방미인이길 포기하면 '자유로운 나'를 손에 넣을 수 있습니다. 당신은 어느 쪽을 택할 건가요?

쉽게 '미안합니다'라고 하지 않는다

사과하는 것이 예의는 아니다

한 가지 일화를 소개하겠습니다. 제가 어느 외자계 기업에서 근무했을 때의 일입니다. 매월 첫째 주 월요일에 경영자 회의가 열렸습니다. 참가자는 임원, 8명의 부장, 그리고 비서인 저였습니다. 어느 날 A 부장이 문을 열고 회의실에 들어왔습니다.

부장: Sorry, sorry.

임원: …?

부장: I am sorry, sorry.

임원: 왜 회의실에 들어오자마자 자기 죄를 인정하는 거예요? 무슨 일 있었어요?

부장: 아니, 회의 시작 시간에 좀 늦어서요.

임원: 그렇게 쉽게 몇 번이나 쏘리(sorry)라고 말할 필요는 없어요.

부장: 네.

임원: 미안하다는 건 자기한테 죄가 있을 때 쓰는 표현이에요. 그러니 그런 식으로 아무렇지 않게 여러 번 쓰면 안 되는 거예요.

A 부장은 어리둥절한 채 자리에 앉았고, 회의가 시작되었습니다. 자, 임원은 A 부장에게 무엇을 전하고 싶었던 것일까요? A 부장은 '회의에 늦어서 죄송합니다.'라고 서로를 잘 아는 경영팀 직원에게 가벼운 마음으로 말했을 뿐이었겠지요. 그런데 임원에게 왜 추궁당했는지 영문을 몰라 어리둥절한 모습이었습니다.

자신의 위신을 깎는 말

외국인 임원은 일본인 부장이 아직 회의가 시작도 하지 않았는데, '죄송합니다, 죄송합니다'라고 몇 번이나 사과하는 모습을 보고 이상하게 여겼습니다. 그리고 회의가 끝나자, 임원은 A 부장에게 가서 다음과 같이 말했습니다.

"영어 표현으로 쏘리(sorry)는 자기 죄를 인정한 것이 돼요. 쉽게 자기 부정을 하면 안 돼요. 당신의 가치는 자신이 가장 잘 알아야 해요. 쏘리의 사용 방법에 주의하세요. 적어도 미국에서는 그렇게 받아들일 가능성이 크니까요."

'미안하다'라는 한 마디에 이렇게 깊은 의미가 있었습니다. '자신을 더욱 소중히 대하라'고 임원은 말하고 싶었던 것입니다. 나아가, 자기 긍정감을 가지고 일에 임했으면 하는 마음의 표현이기도 했습니다. '나는 어차피…'라고 속으로 생각하면서 일하는 사람과 '나라면 할 수 있어!'라고 생각하며 일하는 사람은 분명히 성과가 다르겠지요.

사람은 일이 잘 풀리지 않으면, '왜 이런 것도 못 할까?'라고 자기 부정을 하기 쉽습니다. 자기 부정이나 자기 비하 속에서는 아무것도 나오지 않습니다. 어쩌면 누구보다도 당신 자신이 스스로 부족한 사람이라고 생각하고 있지는 않나요?

누구보다 자신이 스스로를 소중히 대할 것. 이러한 마음가짐이 자기 긍정감으로 이어집니다. 당신이 '본연의 나'와 관계가 깊어질수록 자신에 대한 신뢰가 깊어지는 것입니다.

부탁이 쉬워지는 만능 표현

사소한 부탁도 어려운 이유

우리는 혼자서 살아가지 않습니다. 반드시 누군가에게 부탁하거나 다른 사람에게 부탁을 받으며 살아가지요. 당신 주위에 부탁을 잘하는 사람이 있나요?

잘 부탁해서 무사히 일을 마치는 사람, 약삭빠르게 굴어서 편하게 지내는 사람. 분명 한 명쯤은 주위에 있을 것입니다. 혹시 당신은 부탁을 잘하는 사람이 조금 부럽지 않나요? 다른 사람에게 부탁하기 어려운 사람은 다음과 같은 잘못된 생각을 하고 있을 수 있습니다.

· '내가 하는 게 더 완벽해'라고 생각한다.

· '내가 해야 해'라며 책임감을 과도하게 짊어지고 있다.

- ‘부탁하다니 말도 안 돼’라며 부탁을 부정적으로 생각한다.
- ‘부탁하면 민폐야’라고 생각하는 버릇이 있다.
- ‘부탁하는 건 미안해’라며 지나치게 신경 쓴다.

당신에게도 해당하는 부분이 있나요? 직장을 떠올려봅시다. 아무리 업무량이 많아도 불평 없이 혼자 묵묵히 일하며 매일 야근하는 사람은 없나요? 저도 몇 번이나 그런 사람을 보면서, ‘그렇게 애쓰지 말고 다른 사람에게 부탁해도 될 텐데’라고 생각한 적이 있습니다. 탈진증후군에 걸리지 않을까, 마음의 병이 되지는 않을까 걱정될 정도였습니다.

일은 부탁하고 부탁받는 관계가 있기에 성립됩니다. 무언가를 요청하는 일이나 부탁하는 일은 결코 나쁜 것이 아닙니다. 따라서 다른 사람에게 부탁할 때 부끄럽게 여기거나 스스로 자책할 필요는 없습니다. ‘팀 파워’라든가 ‘팀 빌딩’이라는 말이 있듯이, 팀의 멤버 전원이 힘을 합칠수록 성과가 높아진다는 사실을 기억하세요.

당신은 '누군가에게 부탁하고 싶다'고 생각했지만, "부탁합니다"라는 한 마디가 잘 나오지 않았던 적이 있나요? 예전에는 저도 '남에게 부탁하는 것'을 부정적으로 여겼습니다. 그야말로 부탁할 때 못 하고, 요청할 때 못 하는 인생 하수의 전형적인 예였지요. 그런 제게 변화가 일어난 건 업무량이 대폭 늘어난 때였습니다. '더는 안 돼! 모두가 도와주지 않으면 시간 내에 맞출 수가 없어.' 일에 쫓기는 상황에 빠진 것입니다.

부탁을 잘 못하는 저였기에 '주위 사람에게 부탁하자'는 마음은 굴뚝같아도 어떻게 말을 걸어야 할지 몰랐습니다. 맨 처음 든 생각은 이왕 부탁할 거라면 '기분이 좋은 부탁을 하자'였습니다. 상대방이 편하게 내 부탁을 받아줄 수 있으려면 어떻게 하는 게 좋을지 생각했습니다.

'○○ 씨에게 부탁할 수 있으면 정말 기쁠 것 같아요'라는 식으로 상대방에게 존경의 뜻을 담아 '기분 좋은 말'을 건네는 것부터 시작했습니다. 그러자 주위 사람들에게 이런 말을 들었습니다.

"얼른 말하지 그랬어요. 그런 건 제가 빨리할 수 있는데."

"왜 얘기 안 했어요, 아무리 생각해도 노마치 씨 혼자서는 힘들잖아요."

"기다리던 참이에요. 드디어 말씀하시네요. 어느 부분을 도와주면 돼요?"

'아, 더 일찍 부탁하면 좋았을 텐데….' 눈물이 나올 만큼 기뻤습니다.

기분 좋은 말부터 고른다

어떻게 해야 부탁을 잘할 수 있을까요. 부탁에 능한 비서들이 쓰는 방법의 포인트는 3가지입니다.

① 기분 좋은 말을 고른다.

② 부탁할 내용을 간결하게 정한다.

③ '고맙다'는 마음을 전한다.

그 밖에 상대방에게 부탁할 때 좀 더 마음을 쓰는 것이 중요합니다. 처음 한 마디도 기분 좋은 말을 고릅시다. 제가 자주 사용했던 구절은 다음과 같습니다.

"긴히 상의할 일이 있는데요."

나보다 연장자인 사람을 포함해 누구에게나 사용할 수 있는 만능 표현입니다.

부탁하는 타이밍은, 자신이 편한 시간이 아니라 상대방이 편한 시간에 부탁하는 것입니다. 내용은 상대방이 좋아하지 않거나 서투른 일이 아니라, 될 수 있으면 상대방이 좋아하거나 잘하는 일로 요청합니다. 이렇게 배려한다면 부탁을 하는 사람과 받는 사람 모두에게 좋을 것입니다. 무엇보다 중요한 것은 '고맙다'는 감사의 마음을 잊지 않고 전하는 것입니다.

능력 있는 비서는 사과법도 다르다

사과하면 할수록 신뢰를 잃는다?!

나도 모르게 깜박 실수하는 일은 누구에게나 있습니다. 그럴 때 '사과를 잘할 수 있는가'에 따라 앞으로 상대방과의 관계가 달라집니다. 가령 전철이 늦어 지각했다고 합시다. 상사에게 "왜 이런 중요한 회의가 있을 때 늦는 거야"라고 혼났다면 어떻게 대답할까요? "죄송합니다. 전철이 늦어서요." 무심코 이렇게 변명하기 쉽습니다.

호흡을 가다듬고 다음과 같이 이야기하면 어떨까요? "정말 죄송합니다. 이런 일이 다시는 없도록 다음부터 조심하겠습니다." 분명 상사는 안심하고 기분도 조금 나아질 것입니다.

사과를 잘하면 상대방의 분노나 슬픔, 놀람이 누그러집니다.

그리고 화남, 슬픔, 놀람이라는 상태에서 용서로 옮겨갈 수 있습니다. 사과를 잘하는 법에 대해 알고 있는지에 따라 그 이후의 당신에 대한 인상이 많이 달라집니다. 그렇다면 사과를 잘하는 방법을 알아두는 편이 좋겠지요. 사과를 잘하지 못하면 상대방에게 이렇게 오해받을 수 있습니다.

'핑계일 뿐이야.'
'사과의 진정성을 느낄 수 없어.'
'잘못했다고 하면 그만인 줄 아는 게 문제야.'

사과하는 방법에 따라 상대방에게 신뢰를 잃을 수도 있습니다. 열심히 사과할수록 오히려 상대방에게 오해를 산다. 그런 괴로운 고민이나 불안을 느끼고 있지 않은가요?

제대로 사과하는 세 가지 포인트

여기서, 효과적으로 사과하기 위한 3가지 포인트를 살펴보겠습니다.

① 타이밍 좋게 사과한다.

② 단어를 잘 골라서 정중하게 사과한다.

③ 숨김없이 자신의 마음을 솔직하게 전한다.

누구나 완벽한 사람은 없습니다. 아무리 우수하고 총명한 사람 또는 지위가 높은 사람일지라도 방심한 사이에 '아차, 큰 일이다!' 할 만한 일이 일어나곤 합니다. 사과하는 일은 결코 부끄러운 일이 아닙니다. '주위에 폐 끼치면 안 돼'라며 어깨에 힘주고 살기보다는, '폐를 끼쳤을 땐 바로 사과하자'라는 자세로 사는 편이 마음 편하지 않을까요? 사과만 잘해도 마음이 한결 가벼워집니다.

'그때 얼른 사과할걸.'
'사실 사과하고 싶었는데 자존심 때문에 못 했어.'
'그 사람한테 사과하려고 했는데, 솔직하지 못했어.'

분명 이런저런 생각에 가로막혀 정중하게, 또 솔직하게 사과하지 못했을 것입니다. 사과를 제대로 한다면 자칫 잃을 뻔한 신뢰 관계를 되돌릴 수 있습니다.

말은 단지 전하기 위해서 뿐만 아니라 사람 사이의 관계를 연결하기 위해서도 쓰입니다. 상대방과의 연결이 약해졌을 때 말을 통해 연결을 원래대로 되돌리거나 강하게 다질 수 있습니다. 그러기 위해서는 '어떤 말을 고를 것인가', '어떤 말을 보탤 것인가'가 중요합니다.

예를 들어, 협의할 날짜를 잘못 알았다고 합시다. '내일 14시'가 협의 일시인 줄 알았지만 사실은 '오늘 14시'였고, 약속 시간이 되자 상대방에게 전화가 왔습니다. 수첩에는 '내일 14시부터'라고 쓰여 있지만 메일을 다시 보니, '오늘 14시부터' 협의 예정이었던 사실을 확인했습니다. 흔히 말하는, '부주의로 인한 실수'입니다. 당신이라면 어떻게 할 것 같나요?

① "미안합니다. 내일 14시부터인 줄 알고 있었습니다. 아직 그 시간대가 비어 있습니까?"

② "죄송합니다. 협의 건을 내일 14시부터라고 착각했습니다. 괜찮으시다면 ○○ 씨가 편하신 시간대를 알려주시겠습니까?"

③ "대단히 송구스럽습니다. 협의 건에 대해 내일 14시부터라고 착각했습니

다. ○○님이 귀한 시간을 내주셨는데 이런 실수를 저질러 사과 말씀드립니다. 다음부터 이러한 실수가 일어나지 않도록 주의하겠습니다. 혹시 이해해 주신다면 다시 한번 시간을 내주실 수 있을까요?"

3가지 패턴을 소개했는데, 어떤 말을 고르느냐에 따라 인상이 꽤 다르게 느껴지지 않나요?

어느 사과 방법이든 정답입니다. 상대방이나 상황에 따라 적절한 사과 방법을 고르면 됩니다. 3번째로 말하면 부담스러울 수도 있고, 사장을 상대로 첫 번째 방법을 택하면 너무 가벼울 수도 있습니다.

잘 사과하는 것만으로 상대방의 마음이 누그러질 수 있습니다. 마음이 담긴 말을 골라 적절한 타이밍에, 정중하게 사과합시다. 사과하는 방법에 따라 인간관계가 더욱 좋아질 수 있습니다.

칭찬에도 기술이 있다

겉치레 인사는 전해지지 않는다

'무의식중에 과장된 표현을 써서 지나친 칭찬을 한다.'
'가식으로 들릴 것 같아 칭찬하기 어렵다.'
'상대방을 인정하고 싶지 않아서 칭찬을 망설인다.'

칭찬하는 건 의외로 쉽지 않습니다. 당신이 편하게 생각하는 인간관계를 쌓기 위해서는 칭찬하는 일이 필요합니다. 사람은 누구나 마음속으로 '인정받고 싶다'는 바람을 가지고 있기 때문입니다.

다만 본심이 담겨 있지 않은 말은 상대방에게 전해지지 않습니다. 당신도 다른 사람에게 칭찬받았을 때, '빈말을 하는구나'라고 느낀 적이 있지 않나요? 그럴 때 별로 기분이 좋지 않지요. 여기서 제대로 칭찬하는 방법의 3가지 포인트를 소개하겠습니다.

① 건성으로 칭찬하지 않는다.

② 그 사람의 좋은 부분을 칭찬한다.

③ 가능하면 그 자리에서 칭찬한다.

다른 사람을 칭찬할 때는 마음이 전해질 수 있는 표현을 고릅시다. 당신의 언어로 당신답게 표현하면 됩니다.

좋은 말을 해줘도 싫어할 수 있다

빌려온 말이나 빈말처럼 겉치레로 이야기하지 않는 편이 좋습니다. 일상 대화에서도 다음과 같이 편하게 말할 수 있습니다.

"언제나 세심하게 배려해주시네요. 기분이 좋습니다."

"이야기를 나누면서 기운이 났습니다."

"여러 가지를 알고 계시네요. 도움이 됐습니다."

어느 것도 상대방을 과장되게 치켜세우지 않습니다. 당신이 기뻤던 일, 행복하게 느꼈던 일을 솔직하게 말로 표현하면 되는 것입니다.

예전에 후배에게 이런 상담을 받은 적이 있습니다.

"제 상사(과장)는 실적도 높고, 지도력도 있는 분이에요. 저는 '존경합니다'라는 말을 전하고 싶은데 과장이 무서운 사람이라서 저도 모르게 과하게 칭찬하게 돼요. 칭찬받는 것 자체를 싫어하지는 않는 것 같은데 가끔 굉장히 혼내세요. '내 마음을 알고서 하는 소리야? 대체 나에 대해 뭘 안다고 그런 소릴 해. 아는 척 얘기하는 거 아니야'라고요. 어떻게 하면 좋을까요?"

후배의 고민은 '칭찬하면 혼난다'는 것이었습니다. 어떤 식으로 상사에 대해 칭찬했는지 물어보니, "○○ 씨(상사) 같은 분이야말로 사장님이 되셨으면 좋겠어요"와 같은 방식으로 칭찬했다고 합니다.

장점을 적극적으로 칭찬한다

상대방을 칭찬하겠다는 마음이 너무 컸던 나머지, 비현실적인 일을 말해버린 듯합니다. 그 회사는 3만 명 규모의 대기업이었습니다. 후배의 상사는 과장이며, 한 사람의 과장이 사장이 될 확률은 극소수에 불과합니다.

상사로서는 사장이 될 그릇이라는 말을 들어서 기쁜 마음이 드는 한편, 일에 쫓길 때는 '그런 말도 안 되는 소릴 너한테 듣고 싶지 않아'라고 생각하겠지요. 이렇게 되면 모처럼 칭찬한 일이 소용없게 되어버립니다.

포인트는 지나치게 칭찬하지 않는 것. 칭찬할 필요가 없는데 애써 칭찬하려 하거나 필요 이상으로 칭찬하려 하지 않는 것입니다. 칭찬하는 일은 인간관계를 좋게 하는 윤활유 역할을 하지만, 제대로 사용하지 않으면 역효과가 날 수도 있습니다.

누구에게나 반드시 '좋은 부분'이 있습니다. 우선은 상대방의 '좋은 부분'을 찾아봅시다. 그리고 그 부분을 칭찬해보는 것입니다. 그리 어려운 일이 아니지요. '좋은 부분'이 있다면 망설이지 말고 적극적으로 칭찬해봅시다.

화낼 때일수록 냉정하게

혼내는 방법도 익혀야 한다

회사에서 '혼내는 방법을 모르겠다'고 고민하는 사람이 많습니다. 이런 생각 때문에 혼내기를 주저하고 있지는 않나요?

'엄하게 이야기하면 미움받을 테니 그만두자.'
'사소한 일로 얘기하면 싫어할 테니까 그만두자.'
'몇 번이나 같은 얘길 하면 달가워하지 않을 테니 그만두자.'

일상생활을 평온하게 지내려면 화내거나 혼내는 상황이 되도록 적은 편이 좋겠지요. 하지만 때로는 혼내야만 하는 입장에 있는 사람도 있습니다. 가령, 부하를 육성하는 리더나 후배를 교육하는 선배, 아이를 키우는 부모가 그렇습니다.

필요한 때에 효과적인 방법으로 혼내는 일은 중요합니다. 그렇게 머리로는 알지만 좀처럼 혼내기 어렵다……. 당신도 그런 고민하고 있지 않나요? 혼내는 것이 어려운 이유는, 사람은 '미움받고 싶지 않다'는 감정을 우선시하기 때문입니다.

'이 정도는 눈감아주자.'
'이 정도라면 아직 혼낼 필요 없을지도 몰라.'
'이 정도라면 너그럽게 봐주자.'

이처럼 '미움받고 싶지 않다'는 마음이 혼내는 행위를 가로막는 것입니다. 상대방에게 '미움받고 싶지 않다'는 생각은 자연스러운 감정이지만 혼내야만 하는 입장에 있는 사람은 잘 혼내는 방법을 몸에 익혀야 합니다.

반드시 피해야 할 네 가지 감정

그렇다면, 어떻게 해야 잘 혼낼 수 있을까요. 혼내는 방법의 포인트는 다음 4가지입니다.

① 거칠게 말하지 않는다.

② 화내는 이유를 설명한다.

③ 옛날 일이나 같은 이야기를 반복해서 말하지 않는다.

④ 필요할 때만 혼낸다.

화낼 때나 혼낼 때는 냉정함을 잃고 짜증이 뒤섞이게 마련입니다. 화를 주체하지 못해 그저 화난 감정만 드러낸다면 상대방에게 제대로 전달할 수 없습니다. 오히려 상대방과의 갈등만 깊어질 뿐입니다.

감정이 격앙된 때일수록 본성이 얼굴을 드러냅니다. 그리고 그런 당신의 본성을 주위 사람들은 가까이에서 보고 있는 것입니다.

'사소한 일로 발끈한다', '작은 일에도 초조해진다'는 사람은 특히 이 4가지 포인트를 늘 염두에 두어야 합니다. 그러면 상대방이 당신의 말에 귀를 기울이게 됩니다. '몇 번을 혼내도 전혀 알아주지 않아'라고 생각하고 있다면 혼내는 방식을 조금 바꾸어보면 어떨까요. 어쩌면 그런 사람은 당신에 대해 '그저 감정 기복이 심한 사람'이나, '기분이 좋지 않은 사람'으로 밖에 생각하지 않을지도 모릅니다.

여기서 '혼나는 입장'의 사람에 대해 잠시 생각해봅시다. 늘 함께 일하는 파트너에게 당신이 혼났다고 가정합시다. 파트너가 변덕스럽게 혼내는 사람이거나 감정적으로 혼내는 사람, 혹은 불공평하게 혼내는 사람이라면 어떨까요? '기분 안 좋은 걸 나한테 풀지 마'라는 생각이 들지 않나요? 변덕을 부리거나 감정적으로, 혹은 불공평하게 혼난다면 '그렇게 화내는 방식은 아니지'라고 반발심이 생길 것입니다. 이는 아이든, 어른이든 마찬가지겠지요. 상대방에게 즉각 반발당하지 않기 위해서도 '(어느 정도) 조리 있게', 그리고 '공평하게' 혼내는 방법을 몸에 익혀두어야 합니다.

사랑을 담아 나무라는 방법

다른 사람과 의사소통을 할 때는 화를 겉으로 드러내지 않는다. 이것은 제가 10년간 비서 생활을 하며 깨달은 인간관계를 잘 구축하는 사람들의 공통점입니다. 화를 겉으로 드러내지 않는다는 것은 화를 상대방에게 발산하지 않는다는 의미입니다. 결코 화내지 않는다거나 혼내지 않는다는 것은 아닙니다.

부하의 실수나 불상사 등이 발생하면 상사로서 반드시 혼내는 행위가 발생할 수밖에 없습니다. 그러한 경우 먼저 왜 화가 났는지 냉정하게 따져보는 것이 중요합니다. 혼내는 방법이 능숙했던 당시의 상사(A 씨)에게 이런 질문을 한 적이 있습니다.

"A 씨, 이번 건은 정말 힘드셨죠."

"응, 정말 힘들었지. 하지만 이번 일로 부하들도 모두 충분히 반성한 것 같으니 안심하고 일에 착수할 수 있을 거야. 한시름 놓았지."

"다행이네요. 그러고 보니 저도 예전에 A 씨한테 혼났는데 이렇게 얘기하긴 좀 그렇지만, 이상하게도 싫은 기분이 들지 않았어요. 혼내는 방법의 포인트가 있는 건가요?"

"그건 지금 내가 혼내는 일이 상대방에게 어떤 미래를 가져다줄까 생각하는 일이지."

"혼내는 와중에 상대방의 미래까지 생각하시는 건가요?"

"하하하. 그건 고도의 기술이지(웃음). 꾸짖는 게 아니라 엄격하게 나무란다고 해야 할까…. 전달하기 전에 상대방의 미래를 생각하는 거야."

"어떤 의미인가요?"

"지금 전달하면 상대방에게 좋은 점이 있을까? 하는 시점에서 혼낼지 말지를 정해. 확실히 전달해서 상대방이 성장할 수 있다면 적극적으로 말해주는 편이 좋아. 어떻게 생각하나?"

"저도 그렇게 생각해요. 혼내는 건 애정의 다른 말이었네요."

어쩌면 최근에 당신도 누군가에게 혼났을지도 모릅니다. 상대방이 당신을 생각해서 혼낸 것이라면, 당신의 성장을 위해 혼낸 것이라면 그만큼 기쁜 일도 없겠지요. 혼나는 일로 성장할 수 있는 고마움을 배우고, 조금 시점을 바꾸는 것만으로 상대방의 배려와 깊은 사랑을 느낄 수 있습니다.

잘 풀리는 인간관계를 위해 버려야 할 사고방식

무심결에 상황을 넘기려고만 한다

괜한 말은 안 하는 게 상책이다?

'예민하게 굴지 말자.'

'싸워봐야 피곤하지.'

'분위기 파악을 잘해야 해.'

'되도록 원만하게 해결하자.'

이런 생각을 한 적이 있나요? 서른까지만 해도 저는 그런 타입이었습니다. 지금 돌아보면 딱히 의식한 행동이 아니라 무의식중에 그런 태도를 보였다는 게 놀라울 따름입니다. 내 기분이나 생각이 어떤지는 상관없이, '그렇게 하는 편이 나아, 어차피 내 말을 들어주지 않을 테니까'라고 확신했습니다.

왜 그런 행동을 했을까요. 이유는 내가 편했기 때문입니다. 어느 때건 '상황만 잘 넘기면' 다른 사람에게 반대 의견이나 비난을 듣지 않을 것이므로 가장 마음 편한 방법이었던 것입니다. 주위 사람에게는 전형적인 '좋은 사람'으로 비추어졌겠지요.

그러던 어느 날, '나는 어차피'라는 생각을 더는 할 수 없게 되었습니다. "난 이런 기분이야", "난 이렇게 생각해"라고 표현하지 않으면 일상이 제대로 돌아가지 않는 상황에 직면했던 것입니다.

좋은 사람 = 없는 사람

졸업 후 처음 입사한 회사를 나와 반년 동안 오스트레일리아에서 일본어 교사로 체류했을 때의 일입니다. 일본에서 한 발짝만 밖으로 나가도 그동안의 행동이 전혀 통하지 않습니다. 자신의 의견을 말하지 않고 '좋은 사람'으로 있다가는 오히려 '생각을 알 수 없는 사람'으로 여겨져 대화에 참여하기도 어렵습니다. 사람들 무리에 섞이지 못하는 외로움…. 주위에서는 저를 '없는 사람'처럼 취급했습니다. 생각지도 못한 일이었습니다. 학교에 가면 '일본인이 드문 환경' 탓인지 사람들에게 끊임없이 질문을 받았습니다.

"What do you think(당신은 뭐라고 생각해요)?"
"How do you think(당신은 어떻게 생각해요)?"

갑작스러운 질문에, '난 이걸 어떻다고 느끼지?', '난 이 일에 대해 어떻게 생각하지?' 하고 당황하기 일쑤였습니다. 급기야 귀여운 학생들에게, "선생님, 얼른 대답해주세요. 날 새겠어요", "그럼 내일까지 대답 기다릴게요. 다시 올게요"라는 말까지 들었습니다. 그야말로 '횡설수설' 대답했던 순간들이지만 나를 깊이 이해하는 기회가 되었습니다.

이처럼 날마다 많은 사람에게 질문 공세를 받은 덕분에 깊이 생각하거나 고민할 틈도 없이 바로 행동해야 했습니다. 그 행동이란, 나의 기분이나 생각을 상대방에게 분명히 전달하는 일이었습니다.

'내 기분은 어떠했나?'
'나는 어떻게 느꼈나?'

'내 생각은 무엇인가?'

상대방이 자신의 감정을 전해오면, 내 감정도 상대방에게 전해주어야 캐치볼처럼 대화를 주고받을 수 있습니다. 대화는 일방통행이 아니라 양쪽을 자유롭게 오가면서 이루어지기 때문이지요. 완벽하게 대답할 필요는 없습니다. 저는 그렇게 '상황을 넘기는 것'보다 '내 의견을 말하는 것'이 중요하다는 사실을 깨달았습니다.

겸손은 미덕이 아니다

일본인 학생을 함께 가르치는 오스트레일리아인 교사와 이야기했을 때의 일입니다.

"밋키(나의 별명), 일본인은 정말 예의가 바른 것 같아요. 대단해요."

"감사합니다."

"스승을 존경할 줄 알고, 수업도 열심히 들어줘서 얼마나 고마운지 몰라요."

"일본에는 겸손을 미덕으로 여기는 풍습이 있어서요."

"그런 것 같더라고요."

"맞아요."

"근데 일본 아이들(학생들)이 좀 더 자유롭게 자기표현을 해도 좋지 않을까요? '나는 어쩜 이리 대단할까' 생각하는 정도가 일본인한테는 알맞을 것 같은데요. 오스트레일리아 사람한테는 그렇게 말하면 한껏 들뜨니까 가만히 있지만요. (웃음)"

"그럴 수도 있겠네요. (웃음)"

"나를 표현하는 기쁨을 알면 인생이 훨씬 즐거울 거예요."

자기표현을 하면 자신감이 생긴다

앞서 주고받은 대화에서 어떤 생각이 들었나요? "오스트레일리아와 일본은 문화가 다르다"고 잘라 말하는 사람도 있을 수 있습니다. 물론 나라가 다르면 가치관이나 풍습이 다르지요. 하지만 그런 핑계로 실은 '나'를 좁은 새장에 가두고 있는 건 아닐까요?

'나를 표현하기' 위해서는 나의 생각이나 의견을 말해야 합니다. 익숙해지기 전까지는 아무래도 불안하기 마련이지요.

저도 책을 집필하거나, 수십만 명의 독자들이 읽는 칼럼을 연재하기 시작했을 때는 두려움이 물밀 듯이 밀려왔습니다. 집필한다는 건 의견을 말하는 일, 다시 말해 '나를 표현하는 일'이기 때문입니다. 심지어 내가 쓴 글이 낯선 사람들에게 전해질 생각을 하면 불안감이 더욱 커졌습니다. 걱정에 시달린 나머지 심장이 찌그러지는 느낌이 들 때도 있었습니다.

하지만 한 번 나를 표현하는 기쁨을 느끼고 나면 두려움보다는 기쁨이 더 크게 다가옵니다. 파도가 되밀려오듯 자연스럽게 기쁨으로 변화해가는 것입니다.

속마음을 꺼내지 못한다

상대방에게 웃으며 말하는 이유

이런 경험이 있지 않나요? 약속 시간에 번번이 지각하는 친구가 있다고 합시다. "늦어서 미안해"라는 친구에게 나는 "괜찮아" 하고 웃으며 대답합니다. 속으로는 일찍 나와주었으면 좋겠는데 쉽게 말이 나오지 않습니다.

왜 지각한 상대방에게 맞추게 되는 걸까요? 지각한 상대방이 먼저 당신에게 성실하게 대응해야 하는데 말이지요. 오히려 힘들게 기다린 당신이 상대방에게 배려해줍니다. 어쩌면 마음속 어딘가에 이런 생각이 자리한 게 아닐까요.

'미움받고 싶지 않아.'

'상대방한테 상처 주고 싶지 않아.'

'반박을 듣고 싶지 않아.'

대체로 이 3가지 이유를 들 수 있습니다. 그런데 이들 사이에는 한 가지 공통점이 있습니다.

타인이 기준인 삶의 방식

바로 '상대방이 나를 어떻게 볼까? 어떻게 생각할까?' 하는 시점, 즉 '상대방의 기준'으로 생각한다는 점입니다. 자신이 아닌 상대방의 생각이나 가치를 기준으로 사물을 판단한다면, 내 인생을 타인에게 내주는 것이나 다름없습니다.

영화 〈아웃 오브 아프리카(Out of Africa)〉에서 개척자인 주인공 카렌 브릭슨이 다음과 같이 말하는 장면이 있습니다. "내가 가장 두려운 건, 인생 끝자락에서 누군가의 꿈을 위해 살아왔단 걸 깨닫는 거예요."

부모나 가까운 지인 등 '상대방이 바라는 인생'을 살고 있지는 않은가요? 당신은 삶의 길을 스스로 이끌어가고 있나요? 단 한 번뿐인 인생. 다른 누군가가 아닌, 바로 '나 자신'이 택한 인생을 살고 싶지 않은가요.

나도 모르게 상대방에게 맞춘다

참는 게 메리트일까?

나도 모르게 상대방의 기대에 부응하려는 사람이 많을 것입니다. 어째서 상대방에게 맞추려고 노력하게 되는 걸까요. 실은 당신에게 유리하기 때문입니다. 스스로 '상대방에게 맞추기'를 택한 것이지요.

'설마?' 하는 사람도 있을 것입니다. '상대방한테 맞춰주니까 상대방이 유리하겠지', '상대방이 유리하면 모를까 내가 유리하다니', '참는 사람은 나니까 유리할 리 없지.' 분명 그런 생각이 들 겁니다. '그럴 리가'라며 반신반의하는 사람도 있을지 모릅니다.

내가 상대방에게 맞추기로 결정한 것이라면, 상대방에게 맞추지 않겠다는 선택도 할 수 있지 않을까요? 결정하는 사람은 바로 당신입니다. 그러니 자유롭게 선택할 권리도 당신에게 있습니다.

상대방에게 맞출 때 유리한 점을 살펴보겠습니다. 다음 3가지를 들 수 있습니다.

① 상대방에게 미움받지 않는다.
② 상대방에게 상처 주지 않는다.
③ 상대방에게 반박을 듣지 않는다.

즉, '미움받고 싶지 않다', '상처 주고 싶지 않다', '반박을 듣고 싶지 않다'는 마음을 충족하기 위해 상대방에게 맞추게 되는 것입니다.

이것은 어디까지나 두려움을 회피하려는 행동으로, 만족스러운 해결책이 될 수 없습니다. 먼저 내 마음속 두려움과 차분히 마주해야, 비로소 해결책이 보이기 시작합니다.

미움받는 것이 두렵다

적을 만들고 싶지 않은 본능

사람은 누구나 '미움받고 싶지 않다'고 생각합니다. 상대가 누구든지 간에 미움받고도 아무렇지 않은 사람은 드물 것입니다. 사소한 의견 차이나 작은 말다툼에도 조마조마했다거나 덜컥한 기분이 들어 뒷맛이 씁쓸했던 적이 있지 않나요. 그러고 나면 왠지 찜찜한 기분이 듭니다.

앞서 친구가 지각한 예를 살펴봅시다. '지각했다고 지적하면 미움받을지도 모른다'는 생각에 조용히 넘어가기로 결정하고, 친절하게 미소까지 지으며 '괜찮아, 난 아무렇지 않아' 하고 말합니다. 그러면 상대방에게 미움받지 않을 수 있습니다. 설령 내 마음속에는 응어리가 남더라도 말입니다.

다른 사람들과 기분 좋게 지내고 좋은 인간관계를 쌓고 싶은 마음은 일상생활을 하는 데 있어서 중요합니다. 하지만 정도를 벗어나면 나를 괴롭히기도 합니다.

넘을 수 없는 궁합의 벽

'미움받고 싶지 않다'는 생각은 '적을 만들면 안 된다'는 자기방어적 본능으로, 나를 지키려는 마음과 관련이 있습니다. 자기방어적 본능이 강한 사람은 '누구에게도 미움받으면 안 된다'는 생각이 확고합니다. 그 결과 미움받는 일을 극도로 두려워하게 됩니다.

과연 우리는 누구에게도 미움받지 않고 살 수 있을까요? 정답은 'NO'입니다. 정도의 차이는 있겠지만 '좋다, 싫다'라는 감정을 갖는 건 어쩔 수 없습니다. 사람과 사람 사이의 관계에는 궁합이 있어서 모든 사람이 나를 좋아하는 것은 불가능합니다.

그렇다면 아무에게도 미움받지 않으려는 노력이 무슨 의미가 있을까요? 애초에 모든 사람에게 사랑받기를 포기하는 편이 나을 것입니다. 인간관계로 고민하다 보면 이 사실을 잊어버리기 쉽습니다. 상대방과 갈등이 생기면, '나한테 문제가 있나 봐'라며 자신을 자책하는 사람도 있습니다.

'사람과 사람 사이에는 엄연히 궁합이 있어. 각자 개성이 다르니까!' 이렇게 생각하면 답답한 마음이 조금은 풀리지 않나요.

하고 싶은 말하기=공격이 아니다

상처주지 않으려 속마음을 숨긴다면

성실한 사람은 상대방에게 상처 주기를 원하지 않습니다. 사람이 가진 따뜻한 마음이자 애정이지요.

당신이 늘 상대방에게 맞춘다면, 상대방은 마음껏 행동할 수 있으므로 기분 상할 일이 없습니다. 상대방의 말대로 행동하는 한, 그 사람의 생각대로 일이 풀릴 테니 만족스러울 것입니다. 하지만 당신의 기분은 어떨까요? 만족할 수 있나요? 이해할 수 있나요?

앞서 지각한 친구의 예를 살펴봅시다. 늘 지각하는 것은 바람직하지 않은 일입니다. 상대방도 일부러 지각하지는 않았겠지요. 약속 시간에 맞추어 당신을 만나려고 했을 겁니다. 하지만 '전철을 놓쳤다', '집에서 나올 때 중요한 전화가 왔다', '어제 밤을 새서 늦잠을 자버렸다' 등 불가피한 사정으로 상대방은 약속한 제시간에 나타나지 않았습니다. 그때 마음이 따뜻한 당신은 이렇게 생각할 수 있습니다.

'지각했다고 상대방을 나무라긴 미안하지.'
'지각 정도로 상대방한테 불평하면 속이 좁은 거야.'

'상처 주지 말자'는 상대방을 배려하는 마음이 이기면, 아무 일도 없다는 듯이 상대방을 받아주게 됩니다. 과연 '상대방에게 상처 주지 말자'는 생각이 상대방에게 정말 좋은 일일까요? 오히려 매번 크게 지각하면 신뢰를 잃는다는 사실을 완곡하게 전해주는 편이 나을지도 모릅니다.

때로는 솔직한 말이 고맙다

다음 약속을 잡을 때 지하철역보다 천천히 기다릴 수 있는 카페에서 만나고 싶다면, 먼저 약속 장소를 제안하는 것도 좋은 방법입니다. 인생을 좌우하는 중요한 자리에서는 시간 엄수가 필수라는 사실을 전해준다면 앞으로 상대방의 삶이 달라질 수도 있습니다.

솔직하게 전한 말이 때로는 상대방에게 도움을 줍니다. 상대방을 위한다면 조용히 넘어가는 편이 좋을까요, 솔직하게 전해주는 편이 좋을까요? 솔직하게 이야기하면 따뜻한 마음이 전해지기도 합니다. 진심 어린 말이 주위 사람들의 인생을 긍정적으로 이끌어갈 수도 있다는 사실을 기억하세요.

NO도 신뢰를 줄 수 있다

감성적으로 접근하면 후회한다

우리는 반박을 듣는 것을 별로 좋아하지 않습니다. 저마다 생각이 다르다는 사실을 머리로는 알지만, 막상 "그건 아니야"라는 말을 들으면 반박으로 받아들이는 사람이 많습니다.

특정 주제에 관해 'YES'가 있으면 'NO'가 있는 것도 당연합니다. 하지만 아무래도 나와 같은 의견을 가진 사람에게 맞장구를 치게 됩니다. 반면에 의견이 다른 사람은 못마땅한 존재로 보게 됩니다. 늘 지각하는 상대방에게 이런 말을 던진다면 어떨까요.

"매번 지각만 하고, 기다리는 내 입장도 생각해줘!"

'미안하다'고 솔직하게 사과하는 사람도 있겠지만, 그중에는 이쪽의 강한 태도에 발끈해서, "전철이 늦게 왔는데 어떡해, 그럼!" 하고 맞받아치는 사람도 있을 것입니다. 상대방이 어떤 태도로 나올지는 오직 상대방에게 달렸으므로 예측할 수 없습니다. 상대방이 반박하리라고는 미처 생각지 못하고 당황한 나머지 뒤로 물러설 수도 있습니다. '에이, 괜히 얘기했어'라고 후회할 수도 있지요. 그렇게 되면 마음이 불편해서, '앞으로는 상대방이 반박하는 일 없게 말없이 넘어가야지'라고 결심하는 사람도 있을 겁니다.

해결책을 먼저 제안하기

상대방의 반박을 들었을 때 참고 가만히 있는 것이 과연 상대방에게 좋은 일일까요? 반박을 듣지 않으려고 줄곧 상대방이 말하는 대로 행동하다가는, 자칫 아쉬울 때 찾는 사람이 될 수 있습니다. 상대방에게는 그저 만만한 사람일 뿐이지요.

누구도 아쉬울 때 찾는 사람이나 만만한 사람이 되고 싶지는 않을 겁니다. 서로를 존중하며 좋은 인간관계를 쌓고 싶겠지요. 그렇다면 때로는 상대방의 반박에 대해 당신의 의견을 말할 필요가 있습니다.

"전철이 늦게 왔구나. 그럼 앞으로는 기다리면서 책을 읽고 싶은데, 카페에서 만날까?" 이렇게 먼저 제안해보는 건 어떨까요. 무조건 참기보다는 내 생각을 분명히 말해보는 것입니다. 그것은 자신뿐 아니라 상대방과의 원만한 관계를 위해서이기도 합니다.

좋은 사람이 아니어야 사랑받는다

주위에서 바라는 가면을 쓴다

'무심결에 상대방한테 맞추게 돼.'

'하고 싶은 말을 확실하게 못해.'

'아니라고 말하기가 두려워.'

이렇게 생각하는 사람의 속마음에는 한 가지 바람이 있습니다. 과연 어떤 것일까요? 바로 '언제나 좋은 사람이고 싶다'는 것입니다. 우리는 자신도 모르게 몇 개의 가면을 쓰고 일상생활을 합니다. 혹시 좋은 사람을 연기하기 위해 가면을 쓰고 있지 않나요? '좋은 부하(상사)가 돼야 해', '완벽한 부하(상사)가 돼야 해'라며 자신을 몰아세우지는 않나요?

좋은 부하(상사)란 어떤 사람일까요? 완벽한 부하(상사)는 어떤 사람일까요?

사람에 따라 그 해석이나 정의는 다릅니다. 만약 '완벽한 부하(상사)'라는 가면을 가지고 있다면 이런 가면으로 바꾸어보면 어떨까요? '할 수 있는 범위에서 최선을 다하는 부하(상사).'

어깨의 짐을 덜고 나니 마음이 조금 편해지지 않나요. '부하(상사)'라는 역할에서 도망칠 수는 없습니다. 그 대신 '부하(상사)'라는 '가면'을 자신에게 맞는 가면으로 바꾸어 쓸 수 있습니다.

남편, 아내, 자녀, 부모, 상사, 부하 등등 저마다의 입장에서 어떤 가면을 쓰고 있는지 자신을 되돌아보세요. 그리고 마음에 부담이 되는 '가면'을 쓰고 있었다면 편한 가면으로 바꾸어 쓰면 됩니다.

늘 '좋은 사람'을 연기해가며 주위 사람의 기대에 부응하고 최선을 다하는 일을 책임으로 착각해 애쓰다 보면, 어느샌가 몸과 마음이 피폐해지고 맙니다.

탈진증후군으로 퇴사한 사람들

지금까지 '탈진증후군'을 겪은 사람과 비슷한 조짐을 보이는 사람들을 많이 만나왔습니다. 저 역시 무의식중에 좋은 사람이 되려 한 탓에 과도한 부담으로 쓰러질 뻔한 적도 있습니다.

이러한 노력에도, 좋은 사람은 자칫 주위에서 만만한 사람으로 여겨질 수 있습니다. 이 사실을 부디 알아주었으면 하는 이유는 비서로 근무했을 때 그런 사람들을 많이 보았기 때문입니다.

당시에 저는 최고경영층을 보좌하는 비서였습니다. 인사 관계의 일은 물론, 조직에 관한 모든 정보를 접하는 자리였습니다. 불합리한 일이 발생했을 때 그것을 고스란히 떠맡는 건 언제나 좋은 사람이었습니다. 부당한 책임을 떠맡은 사람의 대부분이 이렇다 할 대응 없이 회사를 떠났던 것입니다.

'말하지 못한 후회'보다 '말한 뒤의 후회'

'자기희생'이라는 말을 들으면 기분이 어떤가요? 마음이 아프다거나 불쾌한 기분이 든다면 일하는 방식, 또 살아가는 방식을 찬찬히 되짚어볼 시기입니다.

자신이 희생당한다는 생각이 들면 분명하게 'NO'라고 말하는 것이 중요합니다. 그것이 곧 당신의 마음의 소리이기 때문입니다. 타인에게 받은 괴로움을 순순히 떠맡아서는 안 됩니다.

"말해봤는데 안 됐어"처럼 전달한 결과, 바람직한 성과를 얻지 못했다면 적어도 미련은 없을 것입니다. 하지만 '어차피 말해도 안 될 텐데'라고 지레짐작해서 아무것도 전달하지 않고 떠났다면 어떤가요. 너무 안타깝지 않나요? '말하지 않은 후회'보다 '말한 뒤의 후회'가 비교적 마음이 가뿐합니다.

누구나, '그때 이렇게 말할걸' 하고 후회한 경험이 있을 것입니다. 잘못 말해서가 아니라 아무 말도 못 해서 후회하는 경우가 많은 것 같습니다. 후회하는 마음은 분한 감정을 낳고, 그것이 마음속에 쌓이다 보면 무력감에 시달리게 됩니다. 그러지 않기 위해서라도 분명하게 전달하기로 마음먹고, 긍정적인 자세로 원하는 바를 이루어나가면 어떨까요.

진심이 통하는 새로운 세계

하고 싶은 말을 하면 인생이 바뀐다

프롤로그에서 다루었다시피, 당신은 지금 새로운 세계로 가는 특별 체험 티켓을 손에 쥐고 있습니다. 그 티켓이 더욱 단계를 높여 '골든 티켓'으로 바뀔지 여부는 당신에게 달렸습니다. 새로운 세계란 과연 어떤 곳일까요? 그곳에서는 다음과 같은 변화가 일어납니다.

- 상대방의 반응을 신경 쓰지 않게 된다.
- 고민하느라 끙끙 앓는 일이 사라진다.
- 행동에 옮기는 속도가 빨라진다.
- 자기 할 일에 집중할 수 있게 된다.
- 있는 그대로의 나를 받아들이게 된다.

그리고 다음과 같은 변화도 기대할 수 있습니다.

· 다른 사람과 진심으로 대화하게 된다.

· 응원해주는 친구가 생긴다.

· 가족 관계가 화목해진다.

· 재능을 발휘하게 된다.

· 인생을 알차게 꾸려갈 수 있다.

말하기 어려운 것을 말할 수 있게 되는 것만으로도 인생이 바뀔 수 있습니다. 보다 적극적으로 '분명하게 말하고 싶다'는 생각이 들지 않나요? 지금 당장 자신이 없어도 괜찮습니다. 우선은 이 책의 내용을 계속 따라오면 됩니다. 이제 슬슬 새로운 세계의 문을 두드려볼까요.

그 전에 준비할 것이 있습니다. 다음의 6가지 사고방식을 내려놓는 일입니다. 어떤 것일까요?

오늘부터 내려놓을 여섯 가지 사고방식

새로운 세계를 우주라고 합시다. 우주로 날아가려면 여러 가지 사전 준비가 필요합니다. 그곳에는 '가져갈 수 없는 것'이 너무나 많습니다. 당신은 지금 우주로 여행을 떠나려고 합니다. 여행길에 앞서 무엇을 내려놓아야 할까요? 바로 다음과 같은 마음가짐입니다.

① '나는 어차피……'라는 자기 부정
② '모두에게 사랑받아야 한다'는 팔방미인형 태도
③ '싸우고 싶지 않다'는 평화주의
④ '좋은 사람이고 싶다'는 자기희생
⑤ '좋고 싫음'에 얽매이는 좁은 시야
⑥ '다들 좋은 사람'이라 여기고 싶은 성선설

모두 마음이 무겁고 답답해지는 것들뿐이지 않나요? 이들 마음가짐 중에 특히 신경 쓰이는 게 있다면 무엇인가요? 어쩌면 그것은 당신이 내려놓지 못하는 '마음의 습관'일지도 모릅니다. 내려놓고 싶지만 방법을 모르는 사람도, 내려놓기로 결심하면 친구를 잃거나 인생이 걷잡을 수 없이 바뀔 것 같아 두려운 사람도 있을 것입니다.

마음을 짓누르는 무거운 짐은 새로운 세계에 가져갈 수 없습니다. 이 외에도 마음을 짓누르는 무언가가 있다면 하나씩 내려놓읍시다. 그러기 위해서는 먼저 자신의 마음과 차분하게 대화를 나누어야 합니다. 내려놓는 편이 좋을지 아닐지는, 다른 사람에게 물을 것 없이 나 자신이 가장 잘 압니다.

앞에서 다룬 마음가짐을 내려놓기가 가능할 때, 비로소 마음이 한결 편해지고 마음속 안개가 걷히는 기쁨을 누릴 수 있습니다. 누구에게도 휘둘리지 않는 당신의 빛나는 인생이 기다리고 있습니다. 이제껏 '허상'에 불과했던 세계가 당신의 '인생의 무대'가 되는 것입니다.

자, 이제 마음의 준비가 되었나요?

분명하게 말하고 센스있게 거절하는 기술

인생이 잘 풀리는 핵심 '할 말은 한다'

프랑스 공항에서 있었던 일

여러분은 '왜?'라고 생각하면서도 그 한마디를 하지 못했던 적이 있나요? 반박당하는 것이 싫어서, '어쩌면 내가 틀렸을지도 몰라. 하지만 뭐, 괜찮아'라고 생각하며 꾹 참고 아무 말도 하지 않은 경험이 대부분 있을 것입니다.

한 가지 일화를 소개할까 합니다. 프랑스의 샤를드골 국제공항에서 있었던 일입니다. 며칠 전에 파리에서 결혼식을 올린 20대 후반의 일본인 부부가 모 항공사의 카운터 앞에 체크인하려고 줄을 서 있었습니다. 그들의 순서가 되어 카운터로 향하자 담당자가 다음과 같이 말했습니다. "만석이라서 당신들의 티켓은 없습니다. 항공권 변경 절차는 저쪽 카운터에서 진행해주시겠습니까?" 외국어가 서툴렀던 일본인 부부는 이해할 수 없다는 얼굴을 하며 오른쪽 안에 있는 카운터로 향했습니다.

그리고 다음은 제 차례였습니다. 일본인 부부의 대화를 듣고 있던 저는 같은 말을 들었지만 다음과 같이 말했습니다.

"뭔가 이상하네요. 예약확인표(Confirmation sheet)를 가지고 있는데요."

그러자 다음과 같은 대화가 이어졌습니다.

"그건 그렇지만, 자리가 없는 건 없는 거니까요."

"그럴 거면 이 예약 표는 무슨 의미가 있는 거죠?"

"그야……. 죄송합니다만, 공교롭게도 이쪽 항공편은 만석입니다. 저쪽 카운터에 가서 다음 항공편으로 변경해주세요."

"그건 안 돼요. 귀국하는 날에 이미 예정된 일이 있어서요."

마지못해 컴퓨터를 조작하기 시작한 직원은 5분 후에 다음과 같이 말했습니다. "좌석이 준비됐습니다." 놀랍게도 제 좌석이 마련된 것입니다.

저는 "고맙습니다"라고만 전하고 그 자리를 벗어났습니다. 때마침 마주친 일본인 부부에게 "자리가 있을지도 모르니까 한 번 더 시도해보시는 게 좋겠어요"라고 말하고 출국 심사 게이트로 들어갔습니다.

'말할 것인가' 아니면 '말하지 않을 것인가'로 이렇게 결과가 달라질 수 있습니다. 예정된 항공편에 탑승하지 못하면 귀국 후의 일정에도 영향을 미칩니다. 하루를 소중하게 보내고 싶다면 '할 말은 한다'는 각오를 다져야 합니다. 하루를 소중히 다루는 사람은 인생을 소중히 다룰 줄 아는 사람입니다.

'왜?' 하는 생각이 들었다면 상대방의 말을 곧이곧대로 듣기보다 한마디를 해보는 용기. 그것이 당신의 인생을 앞으로 나아가게 합니다.

최상의 거절 문구 '도움이 안 될 것 같습니다'

애쓰지 않아야 존중받는다

사람들에게 너무 신경을 쓴 나머지, 사람에게 치인 적이 있지 않은가요? 다른 사람보다 섬세해서 딱히 필요하지 않은 다른 사람의 감정이나 기분마저 자기 일처럼 받아들이고 맙니다. 감수성이 풍부한 당신은 그 일이 자연스럽게 이루어집니다.

자신과 상대방의 경계선이 애매하거나 전혀 없으면 타인에게 휘둘리기 쉽습니다. 계속 휘둘리다 보면 당신의 중요한 에너지를 빼앗기고 맙니다. 자기 자신의 힘을 지키지 못하고 본래 힘을 쏟아야 할 곳에 집중할 수 없게 됩니다. 그 사이에 내가 어떤 사람인지 알 수 없게 되어버립니다.

무신경한 사람들과도 잘 지내려고 하지 않나요? 당신의 힘을 다른 누군가에게 내주고 있지는 않은가요? 이상하게도 타인에게 애쓰는 일을 그만두었을 때 타인이 나를 소중히 여기게 됩니다.

싫은 사람에게도 필요 이상으로 친절하게 대하지는 않나요? 모두에게 사랑받고 싶은 마음이 강해서 무신경한 사람에게까지 지나치게 정중히 대하고 있지는 않나요? 차갑다고 생각할 수 있겠지만 싫은 사람일수록 분명하게 경계선을 그어야 관계가 원만해집니다.

내 시간을 소중히 하기

왜 싫은 사람과 '경계선'을 긋는 것이 좋을까요. 그것은 상대방과 '감정적으로 엮이지 않기' 위해서입니다. 상대방의 감정에 휘둘리는 환경에서 벗어나는 것입니다. 날씨 좋을 때 해변의 카페에서 연인이나 파트너와 사이좋게 마음을 나누는 시간을 상상해보세요. 좋아하는 사람과 여러 가지 이야기를 나누며 보내는 시간은 둘도 없이 소중하지요. 그곳에는 마음의 교류가 있습니다. 상상하는 것만으로 신이 납니다.

대하기 어렵거나 싫은 사람이라면 어떨까요. 같은 해변의 카페에서 긴 시간 이야기하고 싶을까요. 가능하면 용건만 얼른 마치고 그 자리를 떠나고 싶을 겁니다.

'당신의 시간을 빼앗는 사람'과도 경계선을 긋는 편이 좋습니다. 가령, 이런 식으로 친구가 말한다고 가정해봅시다. "있지, 상담할 게 있는데 오늘 밤에 너희 집으로 가도 돼?" 이때 당신이라면 어떻게 대답하겠습니까? 친구가 꼭 집에 오기를 바란다면 집으로 와도 좋을 것입니다.

반면 이런 기분이라면 어떨까요. '상담 이야기가 시작되면 몇 시간이나 걸리니까', '험담만 늘어놓아서 듣고 있으면 괴로워', '내일 일찍 일어나야 하니까 오늘은 밤늦게까지 사람을 만나고 싶지 않아' 등 여러 가지 생각이 있을 것입니다. 그럴 때는 당신의 시간을 어떻게 사용하고 싶은지 잘 생각해볼 필요가 있습니다.

다른 누군가의 감정을 처리하는 것은 당신의 역할이 아닙니다. 최종적으로 자신의 기분이나 감정과 제대로 마주하고 대응할 수 있는 건 자신밖에 없기 때문이지요. 만약 친구가 집에 오길 바라지 않는다면 솔직하게 전해봅시다.

"미안해. 오늘은 피곤해서. 내일 전화로 얘기하면 좋을 것 같은데 어때?"
"미안해, 오늘 밤은 좀 어려운데. 이번 주 목요일이나 금요일이라면 괜찮을 것 같아."

또, 별로 상담에 응하고 싶지 않다면 그렇게 전하는 것도 중요합니다.

"나로는 도움이 되지 않을 것 같아."
"미안해, 지금은 바빠서 시간이 없어."

이처럼 상대방과의 경계선을 그을 수 있는 말하기 방법은 여러 가지가 있습니다. 당신의 시간이 얼마나 귀중한지 생각해보세요. 그러면 저절로 어떻게 말하면 좋을지, 그 대답이 보일 것입니다. 당신의 에너지는 먼저 소중한 것부터 사용할 필요가 있습니다. 혹시나 하루에 몇 번씩이나 싫은 사람의 얼굴을 떠올린다면 에너지가 새고 있는 것입니다. 살아가는 데 필요한 에너지를 확실하게 충전합시다.

화제 돌리기 '그러고 보니 요새 재밌는 일이'

갑작스레 사적인 문제를 파고든다면

예전에 20년 만에 동창회에 참가했다는 친구 A에게 이런 상담을 받았습니다.

"잠깐 얘기 좀 들어줄래?"

"무슨 일 있었어?"

"오랜만에 동창회가 있었거든. 20년 만이라 엄청 기대했는데, 모임 장소에 들어서자마자 B가 뭐라고 했는지 알아?"

"글쎄, 뭐라고 했는데?"

"깜짝 놀랐어. 다짜고짜 '부모님은 살아계시니?' 이렇게 묻는 거야. 어떻게 생각해?"

"그건 실례지. 20년 만에 만나서 처음 하는 말이 그랬으면."

"그치? 너무 놀라서 바로 대답도 못 했어. 그러다가 얼떨결에 대답해버린 거야. 생각해보니 그게 너무 후회되더라고."

"후회?"

"응. 오랜만에 만난 B한테 아버지는 이미 타계하시고 어머니는 건강하시다고, 왜 그런 사적인 얘기까지 말해버렸는지 나중에 후회했지. 잘 피하면 좋았을걸."

"지나치게 사적인 얘기네."

"그래. 그럴 때 어떻게 말하면 좋았을까?"

"그러게, 나라면 이렇게 말했을지도 모르겠다. 'B 씨 오랜만이네. 내 부모님 이야기보다 우리 얘기를 먼저 하자'라든가."

"그거 좋네! 나도 잘 피하는 법을 익혀야겠어."

이처럼 상대방이 갑자기 무례한 질문을 던질 때가 있습니다.

정면 대응보다 깨끗하게 피한다

오지랖이 넓은 사람이 바로 B 씨 같은 사람에 해당하겠지요. 상황으로 미루어볼 때 별로 말하고 싶지 않았거나 말할 필요가 없었을 경우 정면으로 대응하기보다는 잘 피하는 것도 중요합니다. 말하고 싶지 않은 것을 말하고 후회하는 사람이라면 깨끗하게 피하는 말하기 방식을 익히면 좋을 것입니다

"○○의 이야기보다 더 재미있는 이야기를 하자." 이렇게 자신이 할 수 있는 이야기로 화제를 전환해보면 어떨까요. "○○의 이야기는 조금 이따가 할게." 이처럼 일시적으로 이야기를 피하는 말하기 방법도 있습니다.

당신이 불쾌하다고 느끼거나 싫어하는 일에 대해서는 말하지 않아도 괜찮습니다. 깨끗하게 피하는 것도, 어른의 대화술 가운데 하나라는 사실을 기억하고 사용해봅시다.

두려워하지 말고 분명하게 거절한다

거절은 나쁜 것이 아니다

여러분은 '거절을 잘하는 사람'이 되고 싶은가요? 그렇다면 아래와 같이 생각한 적이 있나요.

'어떻게 하면 완곡하게 거절할 수 있을까.'
'어떻게 하면 거절을 잘할 수 있을까.'
'어떻게 하면 상대방이 기분 상하지 않게 거절할 수 있을까.'

가령 친구가 "다음 주 금요일에 같이 콘서트에 가지 않을래?"라고 권했다고 합시다. 자신은 별로 그 콘서트에 관심이 없습니다. 관계를 위해 가고 싶지 않은 콘서트에 발을 옮기는 건 괴로운 일입니다. 당신이라면 어떤 대답을 하겠습니까?

일본인은 서양인과 비교하면 'NO'라고 말하는 것에 과민하게 반응하는 경향이 있습니다. 이는 상대방의 기분을 생각하고, 상대방의 기분을 중요하게 여기고 배려하는 문화 때문일 것입니다. 매사를 원만하게 풀어가는 것이 좋다고 생각하는 분위기 때문에 거절하는 건 '나쁘다'는 인식이 생겨난 것 같습니다. 그 영향으로 말끝을 흐려 애매한 방식으로 말하는 경향이 있습니다.

마음과 달리 끝내 거절하지 못 하는 사람이 있습니다. 그런 사람들의 이야기를 들어보니, '거절하자' 결심해도 막상 거절할 땐 언제나처럼 '좋은 사람이고 싶다'는 바람이 생긴다고 합니다. '착한 사람 콤플렉스'가 얼굴을 내미는 것입니다. '거절하고 싶지만 좋은 사람이고 싶어서 거절할 수가 없어'라고 생각합니다.

직장 내 모럴 해러스먼트 피하기

나아가 이런 식으로 생각하는 사람도 있습니다. '좋은 사람으로 있다 보면 언젠가 나한테도 도움을 줄 거야.' 과연 그럴까요?

거절해야 할 때 거절하지 못하면 자칫 부당한 일을 당할 수 있습니다. 그 부당한 일이란 '모럴 해러스먼트(Moral Harassment)'로, 언어나 태도에 의한 정신적인 폭력을 말합니다. 마음에 들지 않으면 소리를 지르거나 인격을 무시하는 말을 하고, 성적인 농담을 서슴없이 내뱉는 것이지요. 말이나 태도로 상대방을 공격하는 모럴 해러스먼트를 상사가 부하에게 저지르면 '파워 해러스먼트'라 부르는데, 부부나 연인 사이에서도 일어납니다.

이와 같은 부당한 언동은 대개 반박하면 어느 정도 해결이 됩니다. 하지만 위화감이 들까 봐 언제나 "YES"라고 말하면 "NO"라고 말하는 법을 잊어버리고 맙니다. 그러면 상대방에게 어떤 부당한 말을 들어도 받아들이게 되고, 급기야 그것이 모럴 해러스먼트라는 것을 알아채지 못하는 것입니다. 무서운 일이지요.

최근 일본에서는 '상사를 위한 모럴 해러스먼트 연수'뿐 아니라 '부하를 위한 모럴 해러스먼트 연수'도 활발히 이루어지고 있습니다. 상사 측에는 부하에게 모럴 해러스먼트를 저지르지 않도록 주의를 환기하는 연수를 합니다. 반대로 부하 측에는 상사 혹은 주위에서 모럴 해러스먼트를 당하지 않으려면 어떻게 행동해야 할지, 또 모럴 해러스먼트를 당했을 경우 어떻게 대처하면 좋을지에 대해 연수하고 있습니다.

모럴 해러스먼트를 당하지 않기 위한 첫걸음, 그것은 분명히 거절하는 자세를 갖추는 것입니다. 상대방에게 "싫습니다", "곤란합니다", "그만 하세요"라는 의사 표시를 분명히 하는 것이 중요합니다. 두려워하지 말고 필요할 때는 확실히 전달하는 용기를 가져봅시다.

NO는 건설적인 대화를 위해 필요하다

제가 쓴 책인, 《당신의 매력지수를 높여주는 센스의 기술》에 '거절은 단호하게 한다'라는 항목이 있습니다. 기업 연수나 세미나 등에서도 '단호하게 거절하는 것'의 중요성에 관해 말하면 많은 사람이 이런 이야기를 합니다.

"그렇긴 하지만 거절하는 건 어려워요."
"머리로는 알아도 막상 상대방의 얼굴을 보면 거절을 못 해요."
"거절하는 게 좋은 줄은 아는데 메일로 어떻게 쓰면 좋을지 모르겠어요.”

당신도 그런 고민을 하고 있나요? 다시 말하지만 ‘NO’라고 거절하는 건 나쁜 일이 아닙니다. ‘YES’가 있기에 ‘NO’도 있는 것입니다. 상대방과 말할 때 거절하지 않고 모두 “YES”로만 이야기한다면 대화가 성립되지 않겠지요.

거절하는 것이 서툰 사람이라면, 친한 친구와 절대 “NO”라고 말하지 않고 “YES”만으로 대화를 주고받아보세요. 생각보다 빠른 단계에서 대화가 막히는 것을 알 수 있을 것입니다. 얼마나 대화가 많이 막히는지, 그리고 ‘NO’라는 표현이 얼마나 고마운 것인지 금세 깨닫게 됩니다.

‘YES’가 있기에 ‘NO’가 존재하는 것은 당연한 일입니다. 그렇다면 “NO”라고 말하는 것, 거절하는 것을 필요 이상으로 두려워할 필요가 없겠지요. 사랑을 담아 “NO”라고 말하는 습관을 들여봅시다.

괜한 핑계보다는 단순하게

일본인은 거절을 필요 이상으로 두려워하기 때문에 거절에 서투른 사람이 많습니다. 그러다가 오히려 인간관계를 더욱 복잡하게 만드는 사람도 있습니다. 앞서 콘서트의 예를 살펴봅시다. 별로 가고 싶지 않은 콘서트에 함께 가자는 권유를 거절하고 싶다면 될 수 있는 대로 일찍, 확실하게 거절해야 합니다. 이런 식으로 말입니다.

"얘기해줘서 고마워. 근데 그날은 선약이 있어서 못 갈 것 같아."
"말해줘서 고마워. 근데 그날은 야근이라 못 가."

친한 친구라면 "미안해, 별로 그 콘서트에는 관심이 없어"라고 솔직한 이유를 이야기해도 좋겠지요.

거절 방법이 의외로 단순하다고 느껴지지 않나요? 누군가에게 거절할 것을 생각만 해도 스트레스를 받는 사람이라면 거절하는 행위에 지나치게 치중하고 있을지도 모릅니다. '뭐라고 말하지?', '뭐라고 메일을 쓰지?', '어느 타이밍에 전달하는 게 좋을까?', '거절하는 이유를 뭐라고 하지?'에 대해서만 생각하다 보면 정작 상대방에게 거절하기도 전에 피곤해지고 맙니다.

그런 당신에게 거절을 잘할 수 있는 3가지 포인트를 소개하겠습니다.

① 괜한 핑계를 대지 않는다.

② 되도록 빨리 거절한다.

③ 거절하는 이유를 말한다.

이 3가지 포인트를 익히면 거절하는 행위를 두려워하지 않게 됩니다. 한 번만 잘 거절하고 나면 그다음부터는 점차 편해집니다. 결코 "상황이 되면 가고 싶어"라는 식의 말은 하지 않아야 합니다.

가장 피해야 할 것은 애매한 대답을 하거나 분명하지 않은 태도를 보이는 것, 또 날짜가 임박해서야 대답하는 일입니다. 그것이 더 상대방을 난처하게 만들기 때문입니다.

'NO'라고 말하는 것은 '당신과 상대방의 관계가 끝나는 것'을 의미하는 게 아닙니다. 오히려 잘 거절할 수 있으면 이전보다 더욱 상대방과의 관계가 좋아집니다. 겉과 속이 한결같은 자세가 더욱 신뢰를 쌓는 계기가 되는 것입니다.

거절할 때는 분명하게 합시다.

부당한 발언을 완곡하게 거부하는 방법

상사가 화풀이한다면

살다 보면 부당한 일을 당할 때가 있습니다.

'왜 내가 그런 말을 들어야 하는 거지?'
'내가 잘못한 것도 아닌데 왜 화내는 거지…….'
'왜 그런 자기중심적인 사람에게 내가 맞춰야 하는 거지?'

이런 이유로 괴로워한 적이 있나요? 때로는 상대방의 '착각'이나 '피해망상' 때문에 억울한 일을 당하기도 합니다. 상사가 "저번에 얘기했잖아!"(실은 말하지 않았다)라고 화내거나, 선배가 "나를 바보로 아는 거지!"(그렇게 생각하지 않는다)라고 갑자기 꾸짖는 일처럼 말입니다. 그럴 때 '어떻게 반박하면 좋지?'라고 고민한 적이 있나요?

저도 '적당히 해!'라는 생각이 들 정도로 분노를 느낀 적이 있습니다. 그 자리를 빠져나와 눈물을 흘리거나 심호흡을 하면서 참고 견디기도 했습니다. 비서는 상사의 업무 스트레스를 직접 받기 쉬운 입장에 있습니다. 조직을 이끄는 리더이기 때문에 짊어지고 있는 업무상의 스트레스는 상상을 초월하리라는 것은 알고 있었지만 나와 전혀 무관한 일로 혼나는 일이 계속되자 이해가 되지 않아 괴로웠습니다.

부드럽게 말하면 수월하게 풀린다

어떻게 상사의 스트레스에 대응하면 좋을까요. 일을 하는 사람이라면 누구나 한번은 생각해보지 않았을까요?

언젠가, 상사의 스트레스로 2주 내내 시달린 적이 있었습니다. 상사(임원)는 부하 중 한 명인 A 부장의 근무 태도가 마음에 들지 않았습니다. 사운도 걸려 있는 큰 프로젝트가 있었는데 프로젝트 리더가 상사, 그리고 관계 부서가 A 부장이 통솔

하는 부서였습니다.

“노마치 씨, A 부장의 스케줄 제대로 봐주고 있는 거 맞아?”

“네, 스케줄은 모두 파악했습니다.”

“아까 회의도 이야기를 마치기도 전에 시간이 끝났어. A 부장은 다음 회의가 있다고 도망치듯이 회의실을 나갔다고. 아직 이야기가 안 끝났는데 말이야.”

“회의 시간을 2시간으로 평소보다 길게 잡았는데요.”

“그거로는 모자라. 3시간, 3시간을 했어야지!”

“잠깐 말씀드리고 싶은 게 있는데 괜찮을까요?”

“뭔데?”

“이번 일에 대해서인데요. 이 이상 제가 더 할 수 있는 게 있었나요? 역부족이었던 점이 있다면 알려주시겠어요?”

“글쎄…… 그러네. 평소보다 1시간이나 길게 회의를 잡아줬지. 회의 중에 이야기가 길어질지 시간대로 끝날지, 그건 밋키 씨랑 관련이 없는 일이야. 우리가 시간 내에 어떻게 해야 할지 생각할 일이었지.”

“주제넘은 말씀을 드리고 말았네요. 사운이 걸린 큰 프로젝트를 맡고 계셔서 스트레스가 상당하다는 건 이해해요. 그러니 제가 할 수 있는 범위에서 도와드릴 부분이 있으면 무엇이든 말씀해주세요."

"미안했네. 다른 사람 실수에 짜증이 난 상태라 평소의 스트레스를 밋키 씨한테 풀어버렸나 봐."

"저는 그런 부드러운 스펀지가 아니었네요, 안타깝게도. (웃음)"

"그러네. (웃음) 하지만 부당한 일에 대해 받아치는 정도면 바람직해. 그러지 않으면 비서는 감당할 수 없을 테니까 말이야."

이처럼, 완곡하게 전달한다면 웃는 얼굴로 대화를 마무리할 수도 있습니다. 오해, 대립, 반발, 질투…. 직접 전달하면 미움받을 일도, 타이밍을 맞추어 상대방이 이해할 수 있게 부드럽게 말하면 진심을 상대방에게 전달하기 수월합니다.

부당한 말을 들었을 때 늘 참고 있지는 않나요? 그렇다면 잘 피해 갈 수 있는 말하기 방법을 익혀둡시다. 살다 보면 언제나 좋은 인간관계만 함께 하는 것은 아닙니다. 부당하게 행동하는 사람이 있다면 반면교사(反面教師)로 생각하고 대하는 게 어떨까요. '나는 이렇게 되고 싶지 않아'라며 몸소 가르쳐주는 사람으로 여긴다면 오히려 고마운 존재가 되지 않을까요?

어려운 상황도 웃어넘기는 비서의 습관

상대방을 바꾸려 하지 않는다

상대에게 내 생각을 강요한다면

하고 싶은 말을 하지 못해 답답할 때가 있는가 하면, 모처럼 의견을 말했는데 들어주지 않을 때도 있습니다. '왜 알아주지 않는 걸까? 역시 말하지 않는 게 나았어…'라고 생각한 적도 있을지 모릅니다. 용기 내어 제안하거나 부탁했는데 상대방이 무시해버리기도 합니다. 정중하게 사과했지만 받아주지 않을 수도 있지요. 그러한 상황에서 타인에게 '내 생각을 받아들이게 하겠다'며 시간과 에너지를 낭비한 적은 없었나요?

인간관계에서 고민은 늘 따라다니게 마련이지만, 상대방의 반응을 지나치게 신경 쓰면 잘해온 일들이 왠지 보잘것없게 느껴집니다. 그렇게 되면 모든 고생은 물거품이 되지요. 되도록 상대방의 언동에 흔들리지 않으려면 어떻게 해야 좋을까요. 바로 '타인의 행동은 타인의 것'이라고 인식하는 것입니다.

반응에 지나치게 신경쓰지 않는다

가령 당신이 주위 사람에게 '영어 공부를 해서 회화를 할 수 있기를 바란다'고 합시다. 세계화가 가속화되고 있으니 모국어 이외에 영어로 대화할 수 있으면 여러 가지로 편리할 것입니다. 그러한 생각으로 당신은 영어 교재를 구매해서 모두에게 선물했습니다. 하지만 누구 하나 그 책에 손을 대지 않습니다. 당신은 '모처럼 선물했는데 읽어줬으면 좋겠다' 하고 생각할 것입니다.

당신에게 자유 의지가 있는 것처럼 당신에게 책을 선물받은 사람에게도 자유 의지가 있습니다. 당신에게 책을 받은 A 씨는 '지금은 영어보다 다른 것에 흥미가 있으니까 그쪽에 시간을 투자하고 싶다'라고 생각하고 있을지도 모릅니다. 또 B 씨는 '영어 같은 건 특별히 쓸 일이 없으니까 공부할 생각이 없어'라고 생각할 수도 있습니다.

A 씨, B 씨도 각자 자유로운 생각이 있다는 사실을 이해해야 합니다. '잘 돼라'고 배려한 일이 상대방에게는 '좋은 일'이 아닐 수도 있는 것입니다. 오히려 달갑지 않은 친절이라든가 참견으로 여겨지기도 합니다. 자신의 기대만큼 타인이 움직여 주지 않는다고 해서 안달복달하는 건 시간 낭비입니다.

타인을 바꿀 수는 없습니다. 그렇게 생각하는 편이 스트레스 없이 매일 기분 좋게 지낼 수 있습니다.

'파트너가 변했으면', '친구가 변했으면', '후배가 변했으면.' 혹시 타인의 행동을 바꾸려고 지나치게 시간을 할애하고 있지는 않나요? 신경 써야 할 것은 타인의 행동이 아니라 자신의 행동입니다. 상대방이 움직였는가보다 '자신이 한 일, 해낸 일'에 주목합시다.

사람을 변화시키려는 것보다 있는 그대로의 모습을 사랑해 주어야 원만하게 지낼 수 있습니다. 자기 본연의 모습을 인정하면 타인의 있는 그대로의 모습도 받아들일 수 있게 됩니다.

지난 일을 질질 끌지 않는다

잘못 내뱉어도 몰두하지 않는다

누군가 내뱉은 한마디나 다른 사람이 한 일을 잊지 못해 며칠이고 질질 끄는 일은 없나요? 다른 사람의 마음을 민감하게 감지하는 감수성이 풍부한 사람은 필요 이상으로 자신이 한 일, 누군가가 한 일을 신경 쓰는 경향이 있습니다.

저도 입사한 지 얼마 안 됐을 때는 선배에게 들은 말, 업무상의 문제들을 며칠씩 고민하는 일이 있었습니다. 하지만 제가 존경하는 임원들은 업무상에 문제가 발생하더라도 개인적인 영역까지 그 문제를 끌고 가는 일이 없었습니다. 그들의 공통점은 한 가지 일에 지나치게 몰두하지 않고 다방면에 즐거움을 느낀다는 것이었습니다.

당신은 무언가 한 가지 일에만 지나치게 집중하고 있지는 않나요? 일은 어떤 것을 달성했다는 성취감을 안겨줍니다. 그 성취감 때문에 고질(痼疾)이 되어 '좀 더, 좀 더'라며 일중독에 빠지기도 합니다. 일이나 '특정 인간관계'에만 몰두하면 다른 즐거움을 접할 기회는 사라지고 맙니다.

봄의 산들바람, 새들의 노랫소리, 시냇물 흐르는 소리처럼 자연을 느껴보는 기쁨. 또 자녀를 유치원에 보내고, 부모님의 생신을 축하드리고, 친척의 결혼식에 함께하는 등 가족이나 친척 간의 기쁜 소식처럼 말입니다. 세상에는 회사 업무 외에도 기쁜 일, 즐거운 일이 넘칠 정도로 많습니다.

좋아하는 일로 머릿속을 가득 채운다

최근, '인생에 낙이 없다'는 사람이 늘고 있습니다. 무슨 일을 해도 진심으로 만족감을 느끼지 못합니다. 언제나 참는 것에 익숙해지면 갑자기 '무엇이 하고 싶은지' 물어도 마음이 움직이지 않아 선뜻 대답이 나오지 않습니다. 그런 사람들에게는 이렇게 질문을 던져봅니다. "만약에 당신이 내일 무인도에 가게 된다면 무엇을 가지고 가겠습니까?"

'그렇게 갑자기', '생각지도 못한 일이라서'라고 느낄 수도 있습니다. 하지만 조금만 생각해보세요. 당장 내일 떠나는 것이므로 "이것도, 저것도…" 하며 욕심낼 수 없습니다. 머릿속에 바로 떠오르는 한두 가지가 있을 것입니다. 그것이 당신이 좋아하는 것입니다.

제가 바로 떠오르는 것은 향이 진한 유기농 허브차와 커피, 책, 음악입니다. 무인도에서 지낼 때뿐 아니라 비행기나 전철 안에서 여유가 생겼을 때 꺼내면 기분 전환도 되고 마음이 차분해지는 것들입니다.

어린이들은 즐거운 일을 찾는 데 달인입니다. 당신도 어렸을 때는 눈앞에 즐거운 일이 가득했을 것입니다. 그런 먼 옛날을 떠올려봅시다. 당신의 마음을 울리는 '무언가'가 반드시 있을 것입니다.

여기서 생각하기를 잠시 내려놓아봅시다. 그리고 당신이 좋아하는 '무언가'를 만져보는 시간을 가져보는 것입니다. 당신이 '좋아하는 것'은 마음을 가볍게 덜어줍니다. 홉, 스텝 앤드 점프(Hop, Step and Jump). 세단뛰기 발소리가 귀에 울릴 정도로 언제나 마음을 가뿐히 해두면 좋겠지요.

인간관계 스트레스는 반드시 몸에 드러난다

인내심이 자랑은 아니다

"난 스트레스에 강하니까."

"동전 크기만 한 탈모가 얼마 전에 생겼는데 한 달 만에 나았어."

스트레스를 잘 견딘다고 자랑하는 사람을 볼 때가 있습니다. 스트레스 내성이 있으면 좋겠지요. 그렇지만 내성을 높이는 훈련보다 더 중요한 것이 있습니다. 되도록 스트레스를 받지 않는 환경을 만드는 것입니다.

가장 쌓아두어선 안 되는 것, 그것이 바로 스트레스입니다. 어떤 환경에서 지낼 것인가, 당신이 있을 곳을 택할 수 있는 사람은 오직 당신뿐입니다. 요즘 같은 경쟁 사회에서 스트레스가 전혀 없는 환경은 드물 것입니다. 그러므로 스트레스가 많은 환경에 노출되어 있다 하더라도 '어떻게 하면 되도록 스트레스를 받지 않을 수 있을까'에 대해 진지하게 생각해보는 것이 중요합니다.

건강에 적신호가 켜지거나 컨디션이 좀처럼 회복되지 않는다면 다음에 대해 생각해볼 필요가 있습니다.

- 이 자리를 떠나는 편이 좋을 것인가.
- 이 자리에서 지금보다 쾌적하게 지내려면 어떻게 해야 할까.
- 이 자리를 지금보다 쾌적한 환경으로 만들려면 누구와 먼저 얘기하면 좋을까.

SOS를 청해도 좋다

무슨 일을 하든지 신체가 자산입니다. 몸이 말을 듣지 않게 되면 이미 때가 늦습니다. 이 책의 '프롤로그'에서 다루었다시피 제가 그렇게 생각하는 건 몸소 겪은 일이기 때문입니다. 스트레스에 계속 방치되면 마음이 우울해집니다. 아무리 긍정적이고 건강한 사람이라도 시간이 지나면서 기분이 가라앉습니다. 당신은 다음과 같이 생각할지도 모릅니다.

'나는 참을성이 많으니까 괜찮아.'
'나는 터프하니까 괜찮아.'
'나는 기운이 넘치니까 괜찮아.'

그렇게 과신하고 있지 않나요? 제 주위에 마음의 병을 앓은 사람들은 "설마 내가 우울증에 걸리다니"라고 말합니다. 애써 참지 말기, 그것이 스트레스를 줄이는 유일한 방법입니다. 괴로운 상황이 지속된다면 SOS를 청할 것. 혼자서만 고민을 떠안지 않도록 합시다.

짜증이 나면 장소부터 바꾼다

화장실에 가거나 식사하러 나간다

젊은 사원이었을 때 다른 사람과 적정 거리를 둘 줄 몰라서 큰 스트레스를 받았습니다. 회사 밖으로 나가면 그날의 일을 곱씹으며 '그렇게 하면 좋았을걸' 하고 후회의 연속이었습니다. 집에 돌아와서도, 식사 준비를 하면서도 회사 일을 생각하고 잠자리에 들기 전까지도 회사 사람의 얼굴이 떠올랐습니다.

지금 생각하면, 얼마나 마음이 무겁고 갑갑한 날들을 보냈을지 불쌍할 정도입니다. 그런 제가 회사에서 조금만 벗어나도 회사에 대해 일절 잊고 나만의 시간으로 전환할 수 있게 된 것은 제 나름의 방법을 찾았기 때문입니다. 그것은 저만의 '비밀 의식'입니다.

누구나 짜증을 주체할 수 없을 때가 있을 것입니다. 직장에서 짜증이 났을 때 금방 원래대로 돌아오기 위한 저의 방법은 다음과 같은 것입니다.

· 그 자리를 떠나 화장실로 가서 한숨 돌릴 시간을 갖는다.
· 휴게실에서 커피를 마시며 머리 식힐 여유를 갖는다.
· 친한 친구와 점심을 먹으며 이야기를 털어놓는다.

기분이 상쾌해지는 나만의 방법을 찾는다

앞서 말한 3가지 방법은 비교적 쉽게 할 수 있는 일입니다. 그밖에 '미용실에 가는 방법'도 있었습니다. 근무하던 사무실이 있는 건물에 미용실이 함께 있었기 때문에 점심 시간대에 미용실에 간 적도 있습니다. 오전과 오후의 머리 모양이 다르니까 몇몇이, "어머, 아침하고 머리 모양이 다르지 않아요?"라고 말을 걸기도 했습니다. "맞아요, 점심시간에 미용실에 다녀왔어요."라고 하니 눈을 크게 뜨며 놀랐습니다.

주위 사람들을 놀라게 했지만, '상쾌하게 기분 전환'을 한 저는 그동안의 짜증이 말끔히 사라졌습니다. 그 이후로 산뜻한 기분으로 일하기 위해 점심 시간대에 샴푸를 받고 왔다는 사람을 만나기도 하고, 스포츠센터에서 수영하고 왔다는 사람도 보면서 사람마다 다르지만 점심시간을 효과적으로 활용하는 사람이 많다는 것을 알 수 있었습니다.

짜증이 났을 때 금방 원래대로 돌아오는 방법을 찾으면 기분 전환에 도움이 됩니다. 그 결과, 이제껏 감정을 질질 끌던 일이 사라지고 새로운 기분으로 다시 업무나 그 밖의 일에 착수할 수 있게 되었습니다. 마음을 상쾌하게 전환하는 방법은 사람에 따라 다릅니다.

당신은 어떤 의식을 하고 있나요?

화나도 싸우지 않는 방어책

무례한 상대방에게 화내면 지는 것

큰 문제가 발생했을 때는 결코 상대방과 같은 씨름판에 서면 안 됩니다. 이는 제가 비서로 근무했을 때 상사에게 자주 들었던 말입니다.

일본에는 스모라는 전통적인 씨름 경기가 있습니다. 스모 대회에서는 '요코즈나'라는 계급이 순위표의 최고봉입니다. 그 밑에 '오제키', '세키와케', '고무스비', '마에가시라' 순으로 이어집니다.

한편, 순위표에 오르지 않는 씨름꾼도 있습니다. '마에즈모'라 불리는 계급에 해당하는 씨름꾼입니다. 같은 씨름꾼이지만 순위표의 최고봉인 '요코즈나'의 경험치와 순위표에 오르지 않는 '마에즈모'의 경험치에는 큰 격차가 있습니다. '요코즈나'가 될 수 있는 사람은 극히 적은 씨름꾼뿐입니다.

'같은 씨름판에 오르지 마라'라고 하는 건 쉽게 말해서, '요코즈나'는 '마에즈모'와 같은 씨름판에서 경기하지 않는다는 의미입니다.

인생도 스모와 마찬가지입니다. 당신이 누군가에게 배신당했을 때 '배신한 사람'과 같은 씨름판에 서면 안 됩니다. 당신이 누군가에게 속았을 때 '속인 사람'과 같은 씨름판에 서면 안 되는 것입니다.

리더들은 더 높은 시점에서 본다

'어쩜 그렇게 나쁜 사람이 있지. 용서가 안 돼'라는 기분이 들 때가 있는 건 사람이라면 자연스러운 일입니다. 하지만 상대방과 같은 시점으로 사물을 생각하지 않는 것, 그것이 매우 중요합니다. 이해할 수 없는 사람도 있다고 받아들여야 인생을 편하게 살 수 있습니다.

비즈니스에서 리더들은 늘 어떤 시점에서 생각할지, 어떤 관점에서 사물을 이해할지에 대해 다른 사람보다 몇 배로 신경을 씁니다. 큰 문제가 발생했을 때, 당사자의 입장에 서면서도 동시에 큰 시점으로 상황을 내다보려고 노력합니다. 문제 그 자체나 문제를 일으킨 상대방과 같은 시점에서 사물을 생각하지 않습니다. 다른 커다란 시점에서 문제를 이해하고 해결책을 찾아내고자 하는 것입니다.

한숨 돌리며 마음을 가라앉힌다

화가 치밀 때 가라앉히는 간단한 방법이 있습니다. 바로 '한숨을 돌리는 것'입니다. 무슨 일이든지 화나 짜증을 금방 가라앉히는 사람은 말을 내뱉기 전에 한숨 돌리는 것에 유의한다고 말합니다. 일류 경영인이라고 해서 절대 발끈하지 않는 것도, 분노의 감정이 없는 것도 아닙니다. 다만 발끈했을 때 무턱대고 발산하지 않고 먼저 한숨 돌리는 것일 뿐입니다.

한숨을 돌리는 리더의 모습을 몇 번이나 본 적이 있습니다. "잠깐 자리 좀 비울게"라고 말하는 것은 '잠시 혼자 있게 해달라'는 리더와 비서 사이의 암묵적인 약속이었습니다. 사무실에서 나와 바깥 공기를 마시러 가는 사람도 있는 반면에, 은둔처 같은 장소에서 잠시 혼자만의 시간을 갖는 사람도 있습니다. 흥미롭게도 책상에서 슬며시 그림 도구를 꺼내 그림 그리기에 열중했던 사람도 있었습니다.

사람에 따라 '한숨을 돌리는 방법'은 각각 다릅니다. 화를 가라앉히기 위해 먼저 한숨을 돌리면서 자신의 마음을 정리하는 것입니다.

6 남은 남이고 나는 나다

뺀들거리는 그 사람이 부럽다면

혹시 당신은 이렇게 생각한 적이 있나요?

'그렇게 남몰래 나쁜 짓을 하는데 왜 저 사람은 잘 지내는 거지?'

'나처럼 착한 사람이 이런 일을 당하다니, 세상은 왜 이렇게 불공평한 거야.'

'남을 험담하는 사람인데 왜 다들 받아주는 거야?'

우리는 누군가의 '한 시기'만 보면서 상대방이 행복한지 아닌지 판단하기 쉽습니다. 그 시기는 그 사람의 긴 인생 가운데 한 단계에 지나지 않습니다. 상대방의 그 시기만을 보고 자신과 비교하며 '부당하다' 혹은 '불공평하다'고 생각할지도 모릅니다. 하지만 그렇게 생각하며 하루하루를 보내는 건 괴로운 일이 아닐까요?

'저 사람이 부러워.' 그런 기분으로 지낸다면 자신의 인생을 걸어갈 수 없습니다. 언제나 다른 사람과 무언가를 비교하는 사람은 마음이 쉴 틈이 없겠지요. 때로는 '남은 남', 그리고 '나는 나'라고 결론짓는 것이 필요합니다.

당신이 일하는 직장을 떠올려보세요. 강한 사람에게는 아부하고, 약한 사람은 업신여기는 사람. 자신에게 유리한 거짓말만 하는 사람. 자기 허물은 감추면서 다른 이들을 헐뜯는 사람… 그런 사람들을 보면 당신은 어떤 기분이 드나요? 분명 '나는 무슨 일이 있어도 내 양심을 속이는 일, 떳떳하지 못한 일은 안 해'라고 생각했을 것입니다.

그것이 당신의 보폭이라고 보면 됩니다. 보폭이 정해졌다면 그 폭을 유지해가면서 내 업무에 집중하는 것이 효과적입니다.

가령 옆에 '당신과 일하는 방식이 다른 사람'이 앉아 있다고 해도, '나는 내 나름의 방식이 있어'라고 마음속에 정하고 대처하는 사람은 그 자리에서 발하는 존재감이 큽니다. '나는 나' 그리고, '상대방은 상대방'이라고 결론짓는 일. 그렇게 각오를 다지면 신기하게도 조금씩 상대방에 대해 신경을 쓰지 않게 됩니다.

나도 모르게 타인과 나를 비교하는 사람이라면 자신에게 이런 질문을 던져봅시다. '나는 어떻게 하고 싶은 걸까?' 행운의 열쇠는 당신의 마음속에 있습니다.

인생을 춤추듯이 가뿐하게 살 수 있는 비결이 있습니다. 그것은 나만의 기준을 갖는 일, 그리고 내 나름의 보폭과 원칙을 갖는 일입니다.

남과 비교하기 시작하면 끝이 없습니다. 그런 일에 당신의 귀중한 시간을 할애하는 것은 시간의 낭비라고 생각하지 않나요? 자신에게 분명하게 선언합시다. 더는 타인을 기준으로 사는 인생은 보내지 않겠다고요. 그렇게 자기 생각을 소중하게, 자신의 말로 할 수 있다면 당신의 인생은 아름답게 빛날 것입니다.

다가가면 안 되는 사람도 있다

성선설을 믿는다면

성선설이나 성악설이라는 말을 많이 들어보았을 것입니다. '사람의 본질은 선이다' 또는 '사람의 본질은 악이다.' 당신은 어느 설을 믿고 있나요?

저는 기본적으로 '성선설'을 믿었습니다. 지금도 진심으로 '성선설'을 믿고 싶습니다. 그런데 '세상 사람들 모두는 아니지만 대부분은 좋은 사람일 것'이라는 저의 믿음은 회사를 그만두고 독립한 뒤로 와르르 무너져갔습니다. 저를 이용하기 위해 다가오는 사람이 부쩍 늘어난 것입니다.

거짓말쟁이는 고질병

'거짓말하는 사람이 있다고 해도 내 주위에는 없을 거야.'

어쩌면 이런 생각을 하고 있지 않나요? 저도 처음엔 그렇게 생각했습니다. 그러나 제 첫 번째 책인 《당신의 매력지수를 높여주는 센스의 기술》이 20만 명 이상의 독자들이 읽은 베스트셀러가 된 후로 생각이 달라졌습니다. '세상에는 거짓말을 하는 사람이 있다. 그리고 거짓말하며 다가오는 사람은 의외로 많다'는 걸 깨달은 것입니다.

거짓말을 하는 사람은 백해무익합니다. 허언증이 있는 사람은 언제까지나 거짓말을 반복합니다. 그런 사람을 도와줄 필요가 있을까요? 이것은 저 스스로 주의하기 위한 말이기도 하지만 마음이 여리고 다정한 당신에게도 전하고 싶습니다.

'거짓말만 하는 허언증이 있는 사람'이나 '교묘한 말로 접근하는 사람'과는 살짝 거리를 둡시다. 그것은 당신을 위해서이기도 합니다.

있는 그대로 받아들인다

좌절했을 때 대처법이 필요하다

인생은 선택의 연속입니다. 일상의 사소한 선택이 인생의 흐름을 크게 바꾸어놓기도 합니다. '설마 나한테 이런 일이 생기다니!' 갑자기 일어난 예기치 못한 사건에 숨쉬기조차 힘들 정도로 충격을 받는 일도 있을 것입니다. 소위 인생의 밑바닥이라고 하지요. 저도 그런 감정이 들었던 적이 있었습니다.

최근에 자주 이런 질문을 받습니다. "좌절해서 도저히 다시 일어서기 힘들 때 어떻게 해야 좋을까요?" 충격에서 벗어나는 방법은 사람에 따라 다릅니다. 다른 사람이 어떻든 자기 나름의 방식을 가지고 있는 것이 중요합니다.

저의 경우에는 한마디로 말하자면 '겨울잠'을 잡니다. 충격이 너무 커서 회복하는 데 시간이 걸릴 것 같으면 곰이 추운 겨울에 동굴로 들어가 겨울잠을 자듯이 저도 그렇게 합니다.

즉 제게 있어 겨울잠이란, 가능한 한 혼자가 되는 시간을 갖는 일입니다. 좌절했을 때는 '충분히' 그리고 '철저히' 좌절합니다. 그리고 좋아하는 장소에서 좋아하는 것을 합니다. 한가롭게 마음 가는 대로 지낼 때도 있는가 하면, 자연 속에 휴식을 취할 때도 있습니다. 사람을 만나고 싶지 않을 때는 미리 약속을 잡지 않습니다. 마음이 치유되지 않았다고 느끼는 동안에는 '절대 무리하지 않겠다'고 정했기 때문입니다.

좌절했을 때 주위 사람들에게 "주말에 점심 같이 먹을래?", "이번 토요일에 거기 가볼래?" 하고 권유를 받을지도 모릅니다. 아직 마음의 준비가 되지 않았다면 분명하게 거절해도 좋습니다.

좌절하면 마음이 불안으로 가득 차게 됩니다. 그렇기 때문에 평소보다 다른 사람의 말이 마음속에 더 깊이 파고드는 법입니다. 때로는 상대방의 대수롭지 않은 말이 당신의 치유되지 않은 마음에 날카롭게 찔리기도 합니다.

스스로 아직 마음의 준비가 되지 않았다고 생각된다면 분명하게 거절합시다. 그렇게 하는 편이 당신을 위해서도, 그리고 상대방을 위해서도 좋습니다.

힘든 경험이 사람의 깊이를 더한다

좋아하는 일을 하고 있으면 자연히 마음이 누그러지고, 어느새 다시 원래의 자신으로 돌아오는 날이 찾아옵니다. 자신의 보폭으로 천천히 나아가면 설령 몇 년이 걸리더라도 마음의 건강을 되찾을 때가 반드시 찾아오는 것입니다. 그리고 다시 기운이 났을 때 '새로운 자신'을 맞이할 수 있습니다.

새로운 자신과의 만남. '정말 수고했다.' 그렇게 자신에게 말 걸어주고 싶어질 것입니다. 어둠의 터널에서 한 줄기 빛에 의지해 빠져나온 자신을 축복해주고 싶겠지요. 널리 포용하는 자세로 청탁병탄(淸濁竝呑)하는 사람은 매력적입니다.

고난을 극복한 사람은 내면의 깊이가 더해져 '인간력'이 높아지고 더욱 매력적인 존재가 됩니다. 늘 강한 척하던 사람이 가볍고 부드러운 인상으로 바뀌면서 인간미 넘치는 사람으로 변신하거나, 이제까지 자신감이 없었던 사람이 존재감 넘치는 멋진 사람으로 변신하기도 합니다. 인생 밑바닥이라고 생각할 때 더욱더 누구보다 자신을 소중하게 대해줍시다.

자신을 발견하는 시간을 가져보세요. 그러기 위해서는 평소 이상으로 "YES", "NO"라고 분명하게 말할 수 있어야 합니다. 당신의 의사를 소중히 여기면 인생의 새로운 한 페이지가 펼쳐지는 것입니다.

인생에 플러스가 되는 비서의 인간관계 설계법

하기 싫은 일은 '하기 싫다'고 말한다

눈치 보인다는 건 공감력의 문제

'미움받고 싶지 않다', '싫은 소리를 못 한다'고 느끼는 자신을 부정적으로 생각한 적이 있을지도 모릅니다. '너무 신경 쓰나 봐', '말 못 하는 내가 싫어…'라고 말입니다.

타인에 대해 신경이 쓰인다는 건 다시 말해 타인의 기분을 이해하고 다정한 마음을 지녔다는 증거입니다. 그리고 다른 사람의 마음에 공감할 수 있는 다정한 사람들이야말로 더욱 사회에서 활약하며 필요한 사람이 될 수 있다고 생각합니다.

마지막 부에서는 마음이 다정한 여러분이 말하기 힘든 것을 분명히 전해서 인생의 주인공으로 살아가기 위한 방법을 소개하고자 합니다.

자신의 사명을 발견하고 나답게 살 수 있다면 그보다 기쁜 일은 없을 것입니다. 혹시 '나는 어차피 안 돼', '나한테는 이런 생활이 맞아'라고 포기하고 있지는 않은가요? 또 당신의 마음의 소리를 무시하며 자신을 타이르고 있지는 않나요?

'네', '아니오'를 분명하게 말하는 습관을 지니면 인생이 크게 달라집니다.

눈에 띄지 않는 게 제일이다?

우리는 하트를 가리켜 '心(마음 심)' 자를 씁니다. 인생의 모든 것을 느끼는 것은 '마음'이지요. 머리로 너무 많은 것을 생각한 나머지 마음을 등한시하고 있지는 않나요?

'다들 그렇게 하니까 이쪽이 무난해.'
'이렇게 해야 주위에서 좋아해.'
'웬만하면 눈에 띄지 않게 하자.'

당신의 머리는 당신의 마음에 이렇게 속삭일지도 모릅니다. 이런 생각은 당신의 본심일까요?

인생을 즐기는 사람들은 마음을 가장 소중하게 여깁니다. 당신은 지금 인생을 충분히 즐기지 못한다고 느낄지도 모릅니다. 매일 아침 기분 좋게 눈뜨며 아침을 맞이하나요? '오늘은 어떤 즐거운 일이 있을까?'라고 생각하며 기분 좋게 눈뜰 수 있다면 얼마나 행복할까요.

'지금보다는 인생을 즐기고 싶다'고 생각한다면 먼저 해야 할 일이 있습니다. 바로 무언가 한 가지 '하지 않을 일'을 정하는 것입니다.

용기 내어 말하면 근무 형태가 바뀐다

지금 일상에서 마지못해서 하는 일이 있나요? '할 수만 있다면 이것만큼은 그만두고 싶어'라고 생각하는 것 말입니다.

이는 주위 사람이 "그만두는 게 좋아"라고 하는 것이 아닙니다. 물론 주위에서 해주는 조언은 당신에게 도움이 될 때가 많을 것입니다. 하지만 이번에는 내가 '하고 싶지 않다'고 느끼는 일에 대해 한 가지 예를 들어보세요. 어떤 것이 있을까요?

제 친구 A 씨의 예를 소개하겠습니다.

A 씨가 가장 하기 싫은 일은 '만원 전철에 타는 것'이었습니다. 예전에는 편도로 1시간이면 회사까지 갈 수 있었는데 회사가 이전하면서 통근 시간이 2배로 늘었다고 합니다. 매일 왕복 4시간 동안 만원 전철에 타는 건 도저히 견딜 수가 없었다고 합니다. 직장 가까이 이사 가는 것이 가장 좋은 방법이지만 A 씨에게는 자녀가 한 명 있어서 전학시키는 건 불쌍하다는 생각에 바로 이사하지는 못했습니다.

A 씨는 주 5일에 단 하루라도 자택 근무가 가능하기를 바랐습니다. 그렇게 되면 자녀가 초등학교를 졸업하는 시기에 이사하려고 생각한 것입니다. 때마침 회사 측에서도 사원의 자택 근무를 장려하기 시작한 시기였습니다. A 씨는 자택 근무를 할 수 있도록 상사와 의논을 했다고 합니다.

몇 번이나 상사와 상의하는 자리를 가진 결과 A 씨의 바람은 이루어졌습니다. 원하던 바를 이룬 A 씨는 다음과 같이 말했습니다. "단 하루라도 만원 전철을 타지 않는 날이 있다는 게 이렇게 행복한 일인지 상상도 못 했어."

이처럼 하기 싫은 일을 조금이라도 내려놓으면 이미 내 안에 있는 '행복'을 깨달을 수 있습니다. 가령 상대방이 상사이든, 누구든지 간에 당신의 생각을 전해도 괜찮습니다. 주위 사람들의 마음을 지나치게 우선시한 나머지 당신의 마음을 분명히 전달하지 못하고 있나요? 당신의 용기 있는 '한 마디'가 한 발짝 앞으로 나아가는 계기가 됩니다.

직장 동료를 좋다 싫다 구별하지 말자

흑백논리로 살고 있다면

다른 사람을 만날 때 이렇게 생각하지는 않나요?

'이 사람은 좋아, 저 사람은 싫어.'
'이 사람은 만날 수 있어, 저 사람은 못 만나겠어.'
'이 사람은 나랑 같은 타입이야. 저 사람은 나랑 다른 타입이야.'

이처럼 '이 사람'과 '저 사람'을 가리지는 않나요? '흑'과 '백'으로 가르듯이 말입니다. 실은 저도 그런 경향이 있었습니다. 그러므로 무의식중에 흑과 백으로 나누는 습관이 있는 사람의 마음을 이해합니다. 하지만 이러한 생각으로는 다른 사람과의 교류를 즐기기 어렵습니다. 사람으로 태어난 이상, 많은 사람과 알고 지내며 즐거운 시간을 보내는 게 좋지 않을까요?

비서는 상사와 관계된 모든 사람의 의사 전달자로서 매일 다양한 사람들을 대하며 일을 진행해야 합니다. 그런데 '이 사람은 이런 사람', '저 사람은 저런 사람'으로 일방적으로 단정해버리면 잘될 일도 제대로 풀리지 않습니다.

여러 유형이 있어서 재미있다

예전에 생트집을 잡는 사람과 일하며 침울해져 있을 때, 상사 B 씨와 나눈 대화가 아직도 기억에 남습니다.

"B 씨는 전 세계의 사람들과 일하면서 그들과의 교류를 즐기고 계시지요. 뭔가 비결이 있나요?"
"음, 회사는 동물원이라고 생각하는 거랄까."
"회사가 동물원이라고요?!"
"그렇지. 동물원에는 독특한 동물들이 많잖아. 가끔 맹수도 있지. (웃음) 회사도 마찬가지야. 사람이 오면 마구 소리치는 동물이 있는가 하면, 유유히 지내는 동물도 있어. 하루의 대부분을 자는 동물도 있지. 사람도 똑같아. 여러 가지 유형의 사람이 있으니까 재밌다, 이렇게 생각하면 마음이 편해져."

"네. 매일 다양한 유형의 분들과 일하고 있어요."

"그건 좋은 경험이야. 각각의 동물이 특수성을 갖는 것처럼 회사 사원들도 모두 특수성을 가지고 있어. 모두가 개성적이라는 거지."

"개중에는 개성이 너무 강한 사람도 있지만요…."

"회사에서는 한꺼번에 재미있는 사람들과 만날 수 있어. 회사에 올 수 있다는 게 감사해. 이런 재미있는 놀이터는 없으니까 말이야."

사람들은 저마다 다른 성향을 가지고 있습니다. 위의 대화를 나누고 반년이 지났을 즈음, 누구와도 이야기할 수 있는 자신으로 변해 있었습니다. "노마치 씨는 어떤 사람과도 얘기를 잘해서 좋겠어요"라고 말하는 동료의 말에, '아, 이제야 흑백논리가 끝났구나' 하며 실감했습니다.

'이 사람은 어려워'라고 느껴도 적당한 거리를 두면서 만납니다. '저 사람은 나랑 다른 성향'이더라도 먼저 말을 걸어봅니다. 그렇게 '흑'과 '백'으로 구별했던 사람뿐 아니라 '회색'의 사람들과도 적극적으로 교류하게 되었습니다. 그러자 색채들로 넘쳐나는 다양한 인간관계가 만들어졌습니다. 그리고 특정 성향을 가진 사람에 대해 어려움이 줄어들었습니다. 마음이 누그러지고 사람들과 만날 때 편하게 즐길 수 있게 된 것입니다.

강점이 있는 사람에게는 아무도 불평하지 않는다

나를 찾는 질문을 한다

인생을 고민하는 사람에게 저는 다음과 같은 질문을 자주 합니다. "만약 돈과 시간과 건강이 충분히 주어졌다면 무엇을 하고 싶으세요?"

이와 같은 마법의 질문은 사람을 자유롭게 합니다. '그런 건 생각도 안 해봤다'고 대답하는 사람이 많지만, 바로 말을 쏟아내는 사람도 있습니다. 그것은 마음속에 담겨 있는 바람이자, 그 사람이 '좋아하는 것'입니다.

나답게 일하고 나답게 살고 싶다. 생각은 그렇지만 나 자신을 잘 몰라서 어떻게 해야 좋을지 모르겠다. 이렇게 고민한 적이 있지 않나요? 혹시 그렇다면 다음에 대해 생각해보세요.

- 당신이 자신 있어 하는 것은 무엇인가요?
- 자신은 별 생각 없이 하는데 주위 사람들이 놀라는 것은 무엇인가요?
- 당신이 다른 사람들과 다른 경험을 해왔다면 무엇인가요?
- 주위 사람에게 자주 듣는 얘기는 무엇인가요?

이러한 질문은 당신이 좋아하는 것을 떠올리게 해줍니다.

주위에서 인정하는 부분은 반드시 있다

'그러고 보면 초등학생 때 이런 걸 잘했어.'
'돌이켜보면 중학생 때 이런 것에 열중했었지.'
'잊고 있었지만 고등학생 때 주위에서 이것 때문에 놀랐지.'

옛 추억에서 좋아하는 것을 찾아봅시다. 옛날에 좋아했던 것이 지금 내가 좋아하는 것으로 이어지는 경우가 있습니다. 왜 좋아하는 것을 발견하는 게 중요할까요. 그것이 곧 자신의 강점이면서 매력이 되기 때문입니다. 즉 '반짝임의 원천'인 것입니다.

다이아몬드의 원석은 갈고닦을수록 빛을 발합니다. 다이아몬드는 갈고닦지 않으면 그저 돌이지만 갈고닦음으로써 보석으로 변합니다. 당신도 다이아몬드의 원석처럼 가치가 있습니다. 갈고닦을 것인가 아닌가는 당신에게 달려 있습니다.

최근 주위 사람들에게 들은 말을 떠올려보세요.

"○○ 씨는 △△야."
"○○ 씨는 ◇◇를 참 잘해."
"의외네, ○○ 씨는 이런 것도 아는구나."

이런 말을 들은 적이 있나요? 주위 사람들이 오히려 당신의 '훌륭한 점'에 대해 잘 알고 있는 경우가 있습니다. 자신을 알기란 쉽지 않습니다. 그럴 때 주위 사람들의 말에 귀를 기울여봅시다. 주위 사람들이 전해주는 당신의 훌륭한 점, 그것이 바로 당신의 '강점'이자 '매력'인 것입니다.

자기 기준이 거리낌 없이 말하게 한다

자신의 강점을 살려 일하면 애쓰지 않아도 자연스럽게 능력을 발휘할 수 있습니다. 당신은 그 자체로 대단한 존재입니다. 언제나 노력해서 강점이나 잘하는 것을 늘리려고 하지는 않나요? 이미 가지고 있는 당신의 매력을 발견해봅시다. 강점이나 매력을 알고 있으면 '자기 기준'을 찾을 수 있습니다.

자기 기준을 가지고 있는 사람들은 "네", "아니오"라고 거리낌 없이 말하며 상대방에게 분명하게 의사 표시를 할 수 있습니다. 자신의 매력을 확실히 알면 자신감이 흘러넘치기 때문입니다.

자기 기준을 가질 것. 그 중심에는 언제나 '흔들리지 않는 자신'이 있습니다. 분명하게 말하기 어려운 것도 점차 말할 수 있게 됩니다.

정말 하고 싶은 일을 만나려면

누구에게나 천직이 있다

일상생활에서는 기쁜 일, 즐거운 일, 슬픈 일, 괴로운 일 등, 여러 가지 일이 일어납니다. 이별이나 사별 등 슬픈 일이나 괴로운 일을 겪으면 다시 일어서기 힘들 때도 있습니다. 예전 직장에서 이혼한 사람들은 다음과 같이 말했습니다.

"이혼 때문에 혼란스러웠는데 동료와 이야기하면서 일을 해서 살았어."

"몸과 마음이 망가졌지만 일이 있어서 다시 일어설 수 있었어."

"부정적인 생각뿐이었지만 일이 있어서 어떻게든 나를 되돌릴 수 있었어."

이처럼 일의 고마움을 말하는 사람이 많습니다. 괴로운 시기에 왜 일을 떠올리는 걸까, 하고 생각하는 사람도 있을 것입니다. 그들은 그렇게 말합니다. 그 전까지의 일은 그 사람들에게 날마다 하는 일에 지나지 않았을지도 모릅니다. 그러나 괴로운 일을 겪고 일을 통해 다시 일어선 경험을 통해 실은 천직이었을지도 모른다고 깨달은 것이지요.

천직이란 문자 그대로 '하늘의 직업'입니다. '하늘이 준 직업'이라고 말해도 좋을 것입니다. 만약 당신이 '지금의 일은 천직'이라고 솔직하게 말할 수 있다면 매우 행복한 일입니다. 왜냐하면 대부분의 사람이 지금의 일을 천직이라고 생각하며 일을 하지 않기 때문입니다.

기회는 반드시 돌아온다

하늘을 섬긴다는 건 태어날 때부터 주어진 저마다의 가능성을 추구하는 일인지도 모릅니다.

그러한 일을 하고 있으면 사명감을 느끼고, 특별히 고생이라고 여기지 않습니다. 또 그 일을 통해 얻는 경험, 감동, 만족감 등은 돈으로 환산할 수 없을 정도로 귀중한 것으로, 그 사람의 인생을 물들입니다. 천직에 종사할 때 이 일이 천직임을 알 수 있는 신호가 있습니다. 예를 들면 다음과 같습니다.

· 미리 정한 것도 아닌데 언젠가부터 그 일을 하고 있었다.

· 지금은 그 일을 하지 않지만 언젠가는 할 것 같은 느낌이 든다.

· 특별히 희망하지 않았지만 갑자기 기회가 주어졌다.

· 왠지 좋아서 시작했는데 순조롭게 할 수 있게 되었다.

· 그 일 이외에는 생각할 수 없을 것 같다.

무언가 마음에 와닿는 신호가 있나요? 천직에 종사하는 사람은 아무리 어려움이 많아도 자연스럽게 길이 열립니다. 그 사람이 그곳에서 일하는 것만으로 주위 사람들에게 밝은 기운과 힘을 주며, 일을 통해 긍정적인 에너지를 퍼뜨립니다.

제가 비서로서 일하기 시작한 것도 '우연'한 계기였습니다. 유학을 마치고 귀국한 후 일자리를 찾을 때 저의 희망은 '영어를 일상적으로 말하면서 일하고 싶다'는 것이었습니다. 인재를 소개하는 회사 담당자가 "통역사는 어떻습니까?"라고 물었지만 당시에는 도저히 통역이 자신 없어서 "그건 어렵습니다"라고 대답했습니다. 그러자 "그럼 미국인 부장의 비서는 어떻습니까?" 하고 물었습니다.

그 이후로 일이 순조롭게 진행되어 실제로 비서라는 일을 해보니 '즐겁다!'라고 느끼는 일이 많았고, 10년간 '비서는 천직이야!'라고 생각하며 일을 해왔습니다.

일 제안을 열린 마음으로 고려한다

제가 책을 쓰기 시작한 것도 '기적'이 겹쳤다고밖에 말할 수 없습니다. 기적의 연속으로 첫 번째 책이 탄생한 것입니다. 그리고 그 책은 베스트셀러가 되었습니다.

저의 경우, 미리 정한 것도 아닌데 어느샌가 그 일을 하게 된 일이 몇 번인가 있습니다. 무언가 'Calling=불린다'라는 느낌이 들었을 때 그것이 '일'이 되고 시간이 지남에 따라 '자기 뜻'이 되어 갑니다. 그리고 그것이 '천직'으로 이어집니다. 저는 그런 감각으로 일을 파악하고 있습니다.

당신은 절대 이 일이 아니면 안 된다고 굳게 믿고 있지는 않은가요? 그렇게 생각하기보다 마음에 여유를 가지고 '하고 싶은 일'을 추구하면서 "이런 일 해볼래요?"라는 상대방의 제안도 고려해봅니다. 그렇게 유연한 마음으로 일과 마주하는 것이 가장 좋을 것입니다.

천직을 가진 사람들의 마음은 버드나무처럼 유연하며 강합니다. 왜냐하면 '이게 내 사명이니까'라며 그 사실을 알고 있기 때문입니다. 저마다의 사명을 완수하기 위해 어떻게 움직여야 좋을지를 압니다. 그러면 자연스럽게 말하기 어려운 것도 분명하게 말할 수 있게 되는 것입니다.

언제나 존재감을 발산한다

인턴이라도 정직원의 자세로

일본인은 자신을 드러내는 것이 서툴다고 알려져 있습니다. 그 점과 관련해 다음과 같은 일이 있었습니다.

제가 오스트레일리아의 학교에서 교육 실습을 했을 때의 일입니다. 영어를 모국어로 하지 않는 학생들에게 영어를 가르치는 TESOL이라는 수업을 맡게 되었습니다. 학생들은 일본을 시작으로 한국, 베트남, 태국, 네덜란드, 파푸아뉴기니 등 다양한 국적을 가진 아이들이었습니다. 일본의 교육 시스템에 적용하면 중학교 2학년생 정도 되는 아이들입니다. 난처하게도 선생인 저는 일부 학생보다도 영어를 잘하지 못하는 상황이었습니다.

파푸아뉴기니에서 온 많은 학생이 국비유학생으로 오스트레일리아에서 공부하고 있었습니다. 그 학생들은 어릴 때부터 BBC 등 영어 뉴스를 들으며 자랐기 때문에 영어를 듣는 데 아무런 지장이 없습니다.

수업에 들어가기 전 직원실에서 조언자 역할을 해준 선생님이 교육실습생인 제게 이렇게 말했습니다.

"지금 많이 긴장하고 있죠?"

"네, 금방이라도 심장이 튀어나올 것 같아요."

"괜찮아요. 이 수업의 가장 큰 목적이 뭔지 알아요?"

"그러니까……."

"학생들이 영어를 말하는 게 목적이에요. 그러니까 선생인 당신이 많이 얘기하면 안 되겠죠. 학생들이 말할 시간이 짧아지잖아요?"

"네."

"어때요? 조금 부담이 줄지 않았어요?"

"네. 어느 타이밍에 어떻게 얘기할까만 생각하고 있었는데 마음이 편해졌어요. 감사합니다."

"다행이네요. 중요한 건 교육실습생이라도 교사라는 존재감을 계속 유지하는 거예요. 알겠죠?"

그렇게 수업이 시작되었습니다.

누구 앞에서든 뒤로 물러서지 않는다

조언해준 선생님은 일부 학생보다 영어로 말하는 게 서툰 저의 콤플렉스를 정확히 간파하고 있었습니다. 수업 직전에 조언을 받고 스스로 즐겁게 수업할 수 있었다는 사실에 매우 놀랐습니다. '영어로 말하는 게 서툴다'는 불안은 어느덧 사라져 버렸습니다.

이 경험을 통해 말하는 상대가 어느 나라 사람이든, 어떤 지위의 사람이든 영어로 말하는 것에 공포심이 사라져갔습니다. 후에 외국인 임원을 보좌하는 비서로 일하는 데도 큰 도움이 되었습니다.

조언해준 선생님의 한마디에 의해 '겁먹지 않고 영어로 말할 수 있는 용기'를 얻은 것입니다. 전하고 싶은 내용을 분명하게 가지고 있다면 영어로 표현하는 것은 그리 어렵지 않습니다. 그리고 무엇보다도 자신의 존재감을 높이면 콤플렉스조차도 '그리 신경 쓰이지 않는 일'로 바뀔 수 있습니다.

어떤 사람이든 콤플렉스는 있는 법입니다. 콤플렉스에만 치중하면 마음이 위축되고 맙니다. '왜 이런 일도 못 하는 걸까'라고 스스로 한심하게 여기거나 '다른 사람은 할 수 있는데'라고 부러워하기도 합니다.

콤플렉스를 의식하기보다는 당신의 존재감에 의식을 향해 보세요. 그렇게 되었을 때 비로소 당신이라는 존재가 빛나기 시작하는 것입니다. 당신의 존재가 빛나면 상대방이 어떤 사람이든 대등하게 대할 수 있습니다. 심적으로 '뒷걸음치지 않는 것'입니다.

당신은 '당신으로 있기'를 자신에게 허용하고 있나요? 둘도 없는 '나'라는 존재. 그 사실만 깨닫는다면 상대가 누구든지 분명히 전달할 수 있게 될 것입니다.

'어느 쪽으로 가야 좋을지 모르겠어.'

그럴 때 '운'에 매달리고 싶어지곤 합니다. 여러분에게 '운'이란 어떤 것인가요?

이제까지 '운이 좋은 사람'이라는 말을 해오면서 한 가지 사실을 깨달았습니다. 운은 완고한 사람보다 솔직한 사람에게 찾아온다는 것입니다. 당신의 눈앞에 '완고한 사람'과 '솔직한 사람'이 있다면 아무래도 '솔직한 사람'과 만나고 싶다고 생각하지 않을까요.

운도 우리와 마찬가지로 솔직한 사람과 만나고 싶을 것입니다. 지금 돌이켜보면 언젠가부터 저에게도 운이 내 편이 되어주었습니다. 바로 '나답게 살자'고 결심한 때부터입니다. 이제까지의 나였다면 상상조차 하기 어려운 일이 일어났습니다.

· 동경하던 지역(다이칸야마나 교토 등)에 산다.

· 좋은 상사와 함께 비서로서 즐겁게 일한다.

· 첫 번째 책인, 《당신의 매력지수를 높여주는 센스의 기술》이 베스트셀러가 된다.

· 10년간의 직장 생활을 졸업하고 독립해서 자유로운 시간을 얻는다.

· 교토의 미술대학에서 전통문화를 배운다.

이것들은 일례에 지나지 않지만, 모두 '이렇게 하자'고 간절히 바랐다기보다 어느 순간 그렇게 된 것뿐입니다. 내 의지를 뛰어넘는 무언가, 그것을 '운'이라고 한다면 운이 내 편이 되어 준 게 아닐까 생각하고 있습니다.

운은 '솔직한 사람'을 좋아합니다. 솔직한 사람은 '이거다' 하고 결정한 길에 우여곡절을 겪으면서도 올곧게 나아가려고 합니다. 그 모습을 보고 운이 곁에서 응원해주는 것이겠지요. 운에게 사랑받는 사람이 되려면 자신의 마음에 솔직해지고 내가 걸어갈 길을 정해야 합니다.

예전에 초등학교 동창회에 참가했을 때 재미있다고 생각한 일이 있습니다. 참가자들이 각자 한마디씩 말하는 시간이었습니다. 어떤 친구는 "평범한 인생이 지긋지긋하다. 앞으로도 평범한 생활이 계속될까 싶어 괴롭다"라고 한탄하고, 어떤 친구는 "파란만장한 인생 때문에 힘들었다. 이제 마음 편하게 지내고 싶다"고 불만을 내비쳤습니다. '평범한 인생'을 보낸 사람은 '파란만장한 인생'을 바라고, 또 '파란만장한 인생'을 보낸 사람은 '평범한 인생'을 바라고 있었던 것입니다.

어떻게 하면 행복하고 만족스러운 인생을 보낼 수 있을까요. 이것은 인간에게 주어진 영원한 숙제일지도 모릅니다. 새

삼스럽게 든 생각은 '행복한 인생을 보내고 있는지는 남과 비교해서는 알 수 없다'는 사실입니다. 자신이 마음속으로 행복을 느낄 수 있는가 하는 점, 그것이 중요한 것이지요.

'인생에는 산도 있고 바다도 있다'라는 말을 자주 듣는데 앞서 이야기한 2명의 이야기를 들으면 그 '산'이 꼭 높아야만 멋진 인생은 아닌 것 같습니다. '행복한 인생'을 보내고 싶다면 먼저 자신의 마음에 솔직해질 것. 그러기 위해 인생의 전환기 같은 중요한 상황에서는 물론, 평소에 '분명히 말하는 습관'을 익히는 것이 필요하다는 것을 이 책을 통해 이해할 수 있다면 저자로서 더할 나위 없을 것입니다.

지금까지 계속 참아온 사람이라면 어떻게 해야 좋을지 모를 수도 있습니다. 그럴 때 꼭 이 책을 다시 읽어주길 바랍니다. 자신의 길을 걷고자 할 때 '아니오'라고 말해야만 할 때가 반드시 찾아옵니다. 그럴 때, '시험당하고 있구나'라고 감사한 마음을 가지면서 두려워하지 말고 'No'라고 전달해보세요. 그리고 당신이 'Yes', 'No'를 분명하게 말할 수 있게 되었을 때 주위를 바라보세요. '인생이 달라졌어'라고 생각된다면 당신은 자신의 인생의 무대에 서게 된 것입니다.

마지막으로 저의 집필을 곁에서 다정하게 지지해준 스바루샤 여러분, 또 이 책을 만드는 데 도움을 준 모든 분에게 진심으로 감사의 말씀을 전합니다. 무엇보다 이 책을 펼쳐주신 독자 여러분들과 만나게 된 기적에 감사합니다. 이 책이 조금이나마 여러분에게 도움이 될 수 있다면 저자로서 그보다 기쁜 일은 없을 것입니다.

정정당당하게 '인생'이라는 이름의 길 위에서 정중앙을, '나다운 인생'을 걸어갑시다. 여러분의 인생이 무엇보다 멋지기를 진심으로 바랍니다.

요코하마에서, 노마치 미쓰카

일과 사람을 사로잡는 커뮤니케이션 기술

사장보다 잘나가는 비서의 대화법

초판 1쇄 발행 2019년 3월 1일
지은이 노마치 미츠카
옮긴이 문방울

펴낸이 민혜영 | **펴낸곳** (주)카시오페아 출판사
주소 서울시 마포구 월드컵북로 42다길 21(상암동) 1층
전화 02-303-5580 | **팩스** 02-2179-8768
홈페이지 www.cassiopeiabook.com | **전자우편** editor@cassiopeiabook.com
출판등록 2012년 12월 27일 제2014-000277호
편집 이주이 | **디자인** 석혜진 | **일러스트** 이시누(Shinoo Yi)

ISBN 979-11-88674-56-5 03190

이 도서의 국립중앙도서관 출판시도서목록(CIP)은 서지정보유통지원시스템 홈페이지(http://seoji.nl.go.kr)와 국가자료공동목록시스템(http://www.nl.go.kr/kolisnet)에서 이용하실 수 있습니다.
CIP제어번호: 2019005195